穿过历史线

吃透小古文

〔第3册〕 王芳 著

人民东方出版传媒
东方出版社

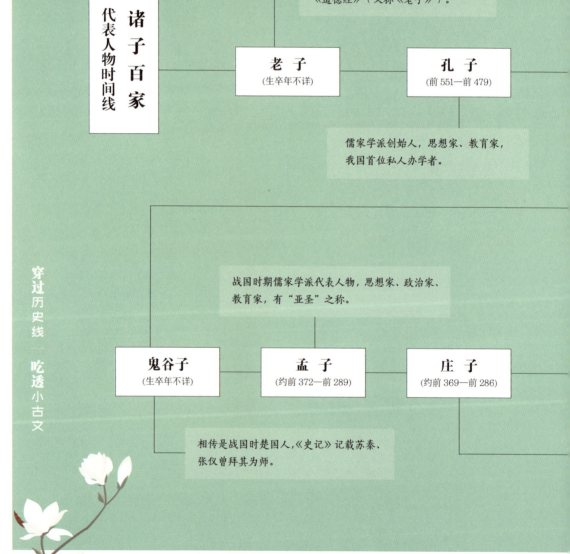

诸子百家
代表人物时间线

道家学派创始人，春秋时期思想家，著《道德经》（又称《老子》）。

老 子
(生卒年不详)

孔 子
(前551—前479)

儒家学派创始人，思想家、教育家，我国首位私人办学者。

战国时期儒家学派代表人物，思想家、政治家、教育家，有"亚圣"之称。

鬼谷子
(生卒年不详)

孟 子
(约前372—前289)

庄 子
(约前369—前286)

相传是战国时楚国人，《史记》记载苏秦、张仪曾拜其为师。

穿过历史线 — 吃透小古文

墨家学派创始人，春秋战国之际思想家、政治家，主张"兼爱""非攻""尚贤"。

墨 子
(约前 468—前 376)

列 子
(生卒年不详)

相传是战国时期道家学派代表人物，郑国人。

召集门客编撰《吕氏春秋》，汇合先秦各派学说，被称为杂家。

吕不韦
(？—前 235)

韩非子
(约前 280—前 233)

战国时期哲学家，继承和发展了老子的思想，著《庄子》。

战国末期哲学家，法家学派主要代表人物，著《韩非子》。

目录

　　历史上有两次著名的"沙丘之变",都是发生在今天河北省邢台市广宗县的一个小山村里。这个村子古代叫沙丘,现在叫大平台村。

　　两次政变都彻底改变了中国历史。

　　第一次政变我在前面讲过:秦始皇在第五次巡游时突然生病,在沙丘这个地方去世了,赵高和李斯私自篡改了遗诏,杀死太子扶苏,立秦始皇的小儿子胡亥为皇帝,最终导致秦朝国祚短暂,只存在了不到十五年的时间。

　　秦朝的这场"沙丘之变",了解一点历史的人都知道。从这个事件回溯至八十多年前,沙丘这个地方还发生过一次"沙丘之变"。当时还是战国时期，沙丘属于赵国的领土，赵国执政的君主是赵惠文王赵何。

赵惠文王能够上位可以说是个意外，至于事情的始末，还要从他的父亲讲起。

赵惠文王的父亲是大名鼎鼎的赵武灵王。放眼整个战国时代，赵武灵王都称得上是敢为天下先的英主。他十五岁当上赵王时，赵国并不强盛，经常被列国欺负。其他诸侯国见有机可乘，纷纷准备攻打赵国，以期侵占一些国土。

谁也没想到，赵武灵王虽然年少，却很有谋略，是个厉害的主儿。他先是团结内部，对老臣们采取各个击破的方针，让他们心悦诚服；然后对外多方结盟，让其他诸侯国先放弃攻打赵国，给他留出可以喘息的机会；接下来开始努力促进农业生产，让百姓先安定下来。

赵武灵王在军事上最重要的策略就是胡服骑射。他主张穿胡人的服装，学习胡人的骑射技术。有些老臣认为，赵国乃中原大国，怎么可以向少数民族学习，这也实在是有违祖制啊！但是赵武灵王不听，仍旧非常坚定地推行改革。

这一招儿让赵国拥有了一支强大的轻骑兵部队，在各诸侯国中名声大振。

在战国时代，几乎所有诸侯的梦想都是当霸主，国力强大了就想去侵略他国。赵武灵王也一样，他在位期间，吞并了中山国，还向北攻下了不少过去属于少数民族的土地，扩充了赵国的疆土。政治上，赵武灵王通过各种外交手段牵制了秦国，强大的秦国也要让他几分。

这些功绩让赵武灵王成为战国时代具有雄才大略的君王之一。然而，这样一位伟大的君王，在晚年却犯了一个重大错误，直接导致了"沙丘之变"。

赵武灵王之前已经立了长子赵章为太子，但他后来又宠爱一个叫吴娃的女子，生了小儿子赵何。据说吴娃漂亮聪慧，从没有跟赵武灵王提过什么要求，可她临死时提出，希望赵武灵王立她的儿子赵何为太子。赵武灵王不知是出于对吴娃的爱还是可怜，头脑一热，竟然同意了。

赵武灵王一激动换了太子不说，还把王位让给了年仅十岁的次子赵何，让老臣肥义辅佐，自己主动退位做主父。赵武灵王很自信，认为即使自己不在王位上，大权依然在自己手中，看着次子成长为一代君王也挺好。

原来的太子赵章虽然嘴上不敢说什么，但是心里肯定生气啊。赵章体魄健壮，性格强势，这些都很像他的父亲，并且他从小跟随父亲出征，屡立战功，但是父亲的这个决定，让他的君王之路戛然而止。

退位后的赵武灵王看到大儿子来给小儿子朝拜时颓废的样子，于心不忍，也开始后悔当时冲动的决定了。他分封大儿子为安阳君，还想给大儿子弄块地，封他为代王。说白了就是把国家一分为二，两个儿子一人一半。赵武灵王觉得次子还小，十几岁的孩子，肯定会同意的。没想到，次子赵何与身边的大臣都对这个提议断然拒绝。

这下，彻底激怒了赵武灵王，他这才重新意识到权力的重要性，哪怕小儿子是他扶上王位的，可是转脸就不听父亲的话了。赵武灵王强势了一辈子，无法容忍大权旁落，于是开始琢磨着把权力拿回来。这个时候的次子赵何，已经成了他的政敌。

赵武灵王和大儿子赵章商量联手除掉赵何，可是邯郸王宫警卫森严，在那里动手肯定不行，再加上赵何身边的人对他非常忠诚。所以，要想达到目标，必须实行调虎离山之计。

于是，赵武灵王和赵章就约赵何一起去沙丘看墓地。古代君王即使自己再有实力，对父母的命令也得执行的。就这样，赵武灵王和他的两个儿子赵章、赵何都来到了沙丘。这里有两座宫殿，赵武灵王和大儿子赵章住一座，次子赵何也就是赵惠文王住另一座。

赵章手下的人建议趁这个机会杀了赵何，然后再对付赵武灵王；赵武灵王则希望兄弟互打，他最后再站出来夺回王位……每个人都心怀鬼胎。

赵章借用赵武灵王之名请弟弟赵何到父亲住的宫殿来商量事情，赵何身边的老臣肥义觉得事有蹊跷，便替赵何去了。走之前，他和赵惠文王以及同去的大臣约定，万一他回不来，就让他们赶紧去搬救兵。

肥义入宫后，立马发现情况不对劲儿。赵章看弟弟竟然没来，知道赵何已经有所准备，就立刻动手杀了老臣肥义。这算是和弟弟赵何公开决裂了。

很快，赵惠文王的救兵来了。他们都是当年赵武灵王培养的精兵强将，很快就把赵章的队伍给打败了，并且杀了赵章。但是面对孤单的赵武灵王，谁也不敢动手，毕竟没人愿意承担刺杀主父的罪名。于是，赵武灵王被围在了沙丘宫内。宫殿内没有存粮，也没有水，在断水断粮的条件下坚持了三个月后，英勇一世的赵武灵王竟被活活饿死在沙丘的宫殿里。

从此，赵惠文王开始放手治理国家，征战四方。

两次"沙丘之变"都充满了血腥与阴谋。如果没有赵国的"沙丘之变"，一直是赵武灵王当政，说不定最后统一天下的就是赵国了；如果没有秦朝的"沙丘之变"，最终扶苏当上皇帝的话，说不定秦朝就是一个长寿的朝代了。

只不过，历史没有如果。

同学们读过这篇文章，有时间一定要去河北省邢台市广宗县的大平台村去看一看，感受一下两千二百多年前历史的风起云涌！

战国策·鹬蚌相争

《鹬蚌相争》是一则寓言，凡是双方相争而让第三者得利，都是这则寓言所嘲讽的对象。

这个故事的主要人物就是我们在上篇文章中讲过的赵惠文王。虽然他在夺取政权的过程中对父亲、兄长多有不敬，让哥哥和父亲相继凄惨离世，但是作为君王，他的能力和成绩还是有目共睹的。他多次带领诸侯国们共同抗秦。

从史料记载来分析，赵惠文王一定是个情商超级高的人。前面我也说了，他曾经做过对不住父亲和哥哥的事情，在古代这叫大逆不道。但是他很快就扭转了局势，让大家心服口服地跟着他打江山，这真不是一般人能做到的。他知人善任，善纳忠言，使一批既有能力又品德高尚的臣子心甘情愿地团结在他身边，比如平原君赵胜、廉颇、蔺相如、赵奢等。后面讲《史记》的时候，我们会讲到《完璧归赵》和《负荆请罪》，它们就发生在赵惠文王当政期间。平时大家读这两个故事时，往往会对率真勇猛、知错就改的廉颇和智勇双全、宽宏大量的蔺相如印象深刻，却忽视了重用他们的赵惠文王。虽然史书对这位君主着墨不多，但是我们可以通过他与大臣们的故事感受到，赵惠文王称得上是战国时期的贤明君主之一。

下面摘录的这个《鹬蚌相争》的故事，起因是赵惠文王准备带兵去攻打燕国。赵国和燕国是真正的邻居，正因为挨得近，所以一直以来边境上的小摩擦不断。经过两代君主的共同努力，赵国日渐强大，终于做好了出征燕国的准备。这时，燕国的使者、苏秦的族弟苏代赶来与赵惠文王见面，希望阻止他进攻燕国。苏代通过民间流传的寓言故事《鹬蚌相争，渔翁得利》，成功地说服了赵惠文王。

读史使人明智，要避免重蹈覆辙，就应多读读这类充满智慧的书籍，多照照这面叫作历史的镜子。

鹬蚌相争

《战国策·燕策二》

zhào qiě fá yān　　　sū dài wèi yān wèi huì wáng
赵 且 伐 燕 ，　苏 代 为 燕 谓 惠 王

yuē　　　jīn zhě chén lái　　guò yì shuǐ　bàng fāng chū pù
曰 ："今 者 臣 来 ，　过 易 水 ，　蚌 方 出 曝 ，

ér yù zhuó qí ròu　　bàng hé ér qián qí huì　①　　yù yuē
而 鹬 啄 其 肉 ，　蚌 合 而 拑 其 喙 ①。　鹬 曰 ：

jīn rì bú yù　　míng rì bú yù　　jí yǒu sǐ bàng
'今 日 不 雨 ②，　明 日 不 雨 ，　即 有 死 蚌 。'

bàng yì wèi yù yuē　　jīn rì bù chū　　míng rì bù chū
蚌 亦 谓 鹬 曰 ：'今 日 不 出 ，　明 日 不 出 ，

jí yǒu sǐ yù　　liǎng zhě bù kěn xiāng shě　　yú zhě dé
即 有 死 鹬 。'　两 者 不 肯 相 舍 ，　渔 者 得

ér bìng qín zhī　③　　jīn zhào qiě fá yān　　yān　zhào jiǔ
而 并 禽 之 ③。　今 赵 且 伐 燕 ，　燕 、 赵 久

xiāng zhī yǐ bì dà zhòng

相支以弊大众④，

chén kǒng qiáng qín zhī wéi yú

臣恐强秦之为渔

fǔ yě　　　gù yuàn wáng zhī shú jì zhī yě

父也。故愿王之熟计之也。"

huì wáng yuē

惠王曰：

shàn　　nǎi zhǐ

"善。"乃止。

注 释

①拑：夹住。喙：嘴。②禽：同"擒"，捕捉，抓住。③雨：这里用作动词，下雨。④弊：弊病，害处，这里是疲敝的意思。

译 文

赵国将要攻打燕国，苏代为燕国向赵惠文王进言说："今天我来的时候，经过易水，看见一只河蚌出来晒太阳，一只鹬鸟飞过来啄它的肉，河蚌马上闭拢，紧紧夹住了鹬的嘴。鹬鸟说：'今天不下雨，明天不下雨，就必然会有一只死蚌。'河蚌也对鹬鸟说：'你的嘴今天抽不出来，明天抽不出来，必定会有一只死鹬。'鹬蚌互不相让，结果一个渔夫把它们俩一起捉住了。现在赵国将要攻打燕国，燕、赵长期相持不下，使得老百姓疲惫不堪，我担心强大的秦国就要成为那个从中得利的渔夫了。所以我希望大王好好地想一想。"赵惠文王说："好。"于是停止出兵攻打燕国。

战国策·赵威后问齐使

●知识点

成语"舍本逐末"比喻做事不注意根本，而只去抓细枝末节，主次颠倒，不能明辨轻重缓急。

这个故事出自《战国策·齐策》，是齐国使臣代表齐王去慰问赵威后时发生的故事。赵威后是谁呢？同学们可以和前一篇的知识点来个"连连看"，她就是赵惠文王的王后。赵惠文王去世时，年幼的太子丹被扶上了王位，可是小孩子不懂治理国家，所以他的母亲赵威后一度临朝听政。

赵威后也被称作赵太后、孝威太后。一听到"太后"这两个字，你的脑海里浮现出来的一定是个老婆婆吧？其实赵惠文王去世的时候，她才三十岁出头。

赵威后是位很有见地的女政治家，她在丈夫身边多年，再加上能臣们齐心协力辅佐幼主，所以其他诸侯国也不敢轻举妄动。

使者带着齐王的信慰问赵威后，信还没打开，赵威后便问："齐国的收成如何？百姓是否安宁？齐王是否无恙？"这三连问是先关心齐国的百姓，之后再问候齐国的大王，引起了齐国使臣的不满，提出质疑。赵威后指出：民是本，君是末，不应舍本而先问末。

赵威后义正词严，掷地有声，让齐国使臣哑口无言。

赵威后沿用了孟子"民贵君轻"的思想，也正因为她关心百姓疾苦，才为历史所铭记。

在这个故事中，"书未发"三字是关键词。如果先拆开书信，不过是说些问候的客套话，就不会有赵威后之后的高论了。

赵威后问齐使

《战国策·齐策四》

齐王使使者问赵威后。书未发^①，

威后问使者曰："岁亦无恙耶^②？民

亦无恙耶？王亦无恙耶？"使者不

说^③，曰："臣奉使使威后，今不问

王而先问岁与民，岂先贱而后尊贵

者乎？"威后曰："不然。苟无岁^④，

何以有民？苟无民，何以有君？故

yǒu shě běn ér wèn mò zhě yé
有 舍 本 而 问 末 者 耶^⑤？”

注 释

①发：启封。②岁：年成。亦：语助词，无义。恙：灾难，忧患。③说：通"悦"。④苟：假如，如果。⑤本：根本的，重要的。

译 文

齐王派遣使者问候赵威后。书信还没有启封，赵威后就问使者："年成还好吧？百姓平安无事吧？齐王身体好吧？"使者听了很不高兴，说："臣奉大王之命向太后问好，现在您不先问候我们齐王，却先问收成和百姓的情况，难道有先卑贱而后尊贵的道理吗？"赵威后说："不是这样的。如果没有好收成，百姓靠什么生活呢？如果没有百姓，哪里有君王呢？岂有撇开根本的而先问枝节的道理？"

战国策·触龙说赵太后

● **知识点**

要想理解这篇经典的文言文，可以先来看一张图，明白了这张人物关系图，文章就很好理解了。

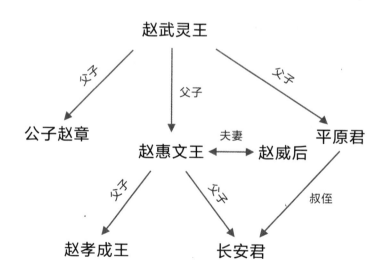

赵惠文王去世后，年幼的赵孝成王即位，赵太后摄政，秦国想趁此机会出兵攻赵。赵太后赶紧向齐国求救。齐王分析了一下情况，认为可以救，但是要求用赵孝成王的弟弟长安君做人质，才肯出兵。

长安君是太后的爱子，让他做人质太危险了。太后断然拒绝，并且对身边的人说，如果再有人提及此事，就要朝他的脸上吐唾沫！

大臣们忧心忡忡，这个时候如果齐国不肯帮忙，单靠赵国自己的实力，哪里对付得了强大的秦国呢？这可怎么办？老臣触龙忠心为国，知道此事必须解决，于是冒着危险去见太后。他用迂回战术，先从身边的生活琐事谈起，不知不觉中打消了太后的怒气，终于说服太后，送出长安君，争取到了齐国的援助。

触龙说赵太后

《战国策·赵策四》

zhào tài hòu xīn yòng shì　　qín jí gōng zhī　　zhào shì
赵 太 后 新 用 事 ， 秦 急 攻 之 。 赵 氏

qiú jiù yú qí　　qí yuē　　　　bì yǐ cháng ān jūn wéi zhì
求 救 于 齐 ， 齐 曰 ： " 必 以 长 安 君 为 质 ，

bīng nǎi chū　　　tài hòu bù kěn　　dà chén qiǎng jiàn ①
兵 乃 出 。 " 太 后 不 肯 ， 大 臣 强 谏 。

tài hòu míng wèi zuǒ yòu　　yǒu fù yán lìng cháng ān jūn wéi
太 后 明 谓 左 右 ： " 有 复 言 令 长 安 君 为

zhì zhě　　lǎo fù bì tuò qí miàn
质 者 ， 老 妇 必 唾 其 面 ！ "

zuǒ shī chù lóng yuàn jiàn tài hòu　　tài hòu shèng qì
左 师 触 龙 愿 见 太 后 。 太 后 盛 气

ér xū zhī ②　　　rù ér xú qū　　zhì ér zì xiè yuē
而 揖 之 。 入 而 徐 趋 ， 至 而 自 谢 曰 ：

"老臣病足，曾不能疾走③，不得见久矣，窃自恕④，而恐太后玉体之有所郄也⑤，故愿望见太后。"太后曰："老妇恃辇而行⑥。"曰："日食饮得无衰乎⑦？"曰："恃粥耳。"曰："老臣今者殊不欲食，乃自强步，日三四里，少益耆食⑧，和于身也⑨。"太后曰："老妇不能。"太后之色少解。

注 释

①强谏：竭力劝说。②盛气：怒气很盛。揖：当作"胥"，等待。③曾不：连……都不能。走：跑。④窃：私意，表示谦虚。⑤郄：病痛。⑥恃辇：依靠车子。恃，依靠，依赖。辇，人拉的车子，秦汉以后专指皇帝乘坐的车子。⑦得无：该不会，表示揣测的疑问词。⑧耆：通"嗜"，喜爱。⑨和：舒适。

译 文

赵太后刚执政，秦国就加紧攻打赵国。赵国向齐国求救，齐国说："一定要用长安君做人质，才能出兵。"太后不同意，大臣们竭力劝谏。太后明确地对大臣们说："有谁再说让长安君做人质的，我一定向他的脸上吐唾沫！"

左师触龙（对侍臣）说，希望拜见太后。太后气冲冲地等着他。触龙进门之后，用快走的姿势缓慢地走着小步，到太后面前谢罪说："老臣的脚有毛病，不能快走，好久没来拜见您了，我私下原谅自己，又担心太后的圣体劳累，所以想来拜见您。"太后说："我要靠手推车行动。"触龙问道："您每天的饮食该不会减少吧？"太后回答说："只靠吃点儿粥罢了。"触龙说："我近来不思饮食，于是强迫自己散散步，每天走三四里，稍微渐渐喜欢吃东西，身体就舒服了点。"太后说："我可办不到。"太后的怒色稍微消解了一些。

左师公曰："老臣贱息舒祺[①]，最少，不肖，而臣衰，窃爱怜之，愿令得补黑衣之数[②]，以卫王宫。没死以闻！"太后曰："敬诺。年几何矣？"对曰："十五岁矣。虽少，愿及未填

沟壑而托之^③。"太后曰："丈夫亦爱

怜其少子乎^④？"对曰："甚于妇人。"

太后笑曰："妇人异甚！"对曰："老

臣窃以为媪之爱燕后^⑤，贤于长安

君。"曰："君过矣！不若长安君之

甚。"左师公曰："父母之爱子，则为

之计深远。媪之送燕后也，持其踵

为之泣，念悲其远也，亦哀之矣。已

行，非弗思也，祭祀必祝之，祝曰：

必勿使反。'岂非计久长，有子孙
相继为王也哉？"太后曰："然。"

注 释

①贱息：对自己儿子的谦称。息，子。②黑衣：当时王宫的卫士都穿黑衣，所以用黑衣指代卫士。③填沟壑：指死后没人埋葬，尸体被扔在山沟里。这里是谦称自己的死。④丈夫：男子。⑤媪：对年老妇人的尊称。燕后：赵太后的女儿。嫁到燕国为王后，所以称为燕后。

译 文

左师公触龙说："我的儿子舒祺，年纪最小，不成器，可是臣已年老，私心又疼爱他，希望能让他当一名卫士，来保卫王宫。我冒着死罪把这话告诉您！"太后说："我答应你。多大年纪了？"触龙回答："十五岁了。

虽说年幼，但我希望在自己死前把他托付给您。"太后说："男人也喜爱自己的小儿子吗？"触龙回答说："比女人爱得厉害些。"太后笑着说："女人家对小儿子疼爱得特别厉害！"触龙回答说："老臣私下里认为您疼爱燕后超过长安君。"太后说："你说错了！不像爱长安君那样厉害。"左师公说："父母疼爱子女，就要为他们做长远考虑。您当初送燕后出嫁，（她上了车）还握住她的脚后跟为她哭泣，这是惦念并伤心她的远嫁，这也够伤心的了。她走后，您不是不思念她，祭祀必定为她祝福，祈祷说：'千万别被赶回来啊。'难道不是为她做长远考虑，希望她的子孙世代继承王位吗？"太后说："是这样。"

左师公曰："今三世以前，至于
zuǒ shī gōng yuē   jīn sān shì yǐ qián   zhì yú

赵之为赵，赵王之子孙侯者，其继
zhào zhī wéi zhào   zhào wáng zhī zǐ sūn hóu zhě   qí jì

有在者乎？"曰："无有。"曰："微
yǒu zài zhě hū   yuē   wú yǒu   yuē   wēi

独赵①，诸侯有在者乎？"曰："老
dú zhào   zhū hóu yǒu zài zhě hū   yuē   lǎo

妇不闻也。""此其近者祸及身，远者及其子孙。岂人主之子孙则必不善哉②？位尊而无功，奉厚而无劳③，而挟重器多也。今媪尊长安君之位，而封之以膏腴之地，多予之重器，而不及今令有功于国，一旦山陵崩④，长安君何以自托于赵？老臣以媪为长安君计短也，故以为其爱不若燕后。"太后曰："诺，恣

jūn zhī suǒ shǐ zhī
君 之 所 使 之⑤。" 于 是 为 长 安 君 约 车

bǎi shèng　　 zhì yú qí　　 qí bīng nǎi chū
百 乘 ， 质 于 齐 ， 齐 兵 乃 出 。

zǐ yì wén zhī yuē　　 rén zhǔ zhī zǐ yě
子 义 闻 之 曰⑥：" 人 主 之 子 也 ，

gǔ ròu zhī qīn yě　　 yóu bù néng shì wú gōng zhī zūn
骨 肉 之 亲 也 ， 犹 不 能 恃 无 功 之 尊 ，

wú láo zhī fèng　　 yǐ shǒu jīn yù zhī zhòng yě　　 ér kuàng rén
无 劳 之 奉 ， 已 守 金 玉 之 重 也 ， 而 况 人

chén hū
臣 乎 ？ "

注 释

　　①微独：不仅，不但。②人主：国君，诸侯。③奉：同
"俸"，俸禄。劳：功劳。④山陵崩：国君或王后之死的讳称。
⑤恣：任凭。⑥子义：赵国的贤人。

译　文

左师公说："从现在算起往上推三代，甚至推算到赵氏建立赵国时，赵王的子孙凡被封侯的，他们的继承人至今还有能保住爵位的吗？"太后说："没有。"触龙又问："不单是赵国，其他诸侯的子孙被封侯的，至今还有能保住爵位的吗？"太后答说："我没有听说过。"触龙说："这是因为这些被封侯的人，近的灾祸会降临到自己身上，远的灾祸就降临到子孙的头上。难道国君的子孙就一定不好吗？根本的原因是他们地位尊贵而并未建功，俸禄丰厚却无功绩，并且拥有的宝物太多了。如今您让长安君地位尊贵，封给他肥沃的土地，赐给他很多宝物，却不趁现在（您健在时）让他为国立功，一旦您驾崩了，长安君凭什么在赵国立身呢？老臣我认为您为长安君考虑得太短浅，所以觉得您爱他比不上爱燕后。"太后说："你说得对，听凭你安排他吧。"于是替长安君准备了一百辆车子，让他到齐国做人质，齐国这才发兵。

子义听说这件事后说："国君的儿子，是国君的亲骨肉啊，尚且不能凭靠没有功勋的尊贵地位、没有功绩的丰厚俸禄来守住金玉宝器，更何况做臣子的呢！"

2 | 曾经强大的齐国为啥被秦灭？

公元前 221 年，秦始皇统一六国，成为中国历史上第一个皇帝。

六个国家灭亡的顺序是：韩、赵、魏、楚、燕、齐。

秦始皇实行"远交近攻"的外交策略，联络距离远的国家，进攻邻近的国家。东边的齐国与西边的秦国遥遥相望，实力一度与秦国平起平坐，两国国君并称"东西二帝"。那么，曾经强大的齐国，后来为什么被秦国给灭掉了呢？据说秦国吞并其他五国的时候，齐国始终没有伸出援手，置各国的求救于不顾。其中一个重要原因，就是齐国被韩、赵、魏、燕这几个诸侯国狠狠地伤过。

在战国历史上，有个著名的"五国伐齐"事件，这一事件不仅让齐国元气大伤，也使齐国与其他诸侯国的关系急转直下，更为齐国最终的灭亡埋下了隐患。

前面讲《滥竽充数》时，我写过《田齐代姜》的故事：公元前386年，周天子正式册封田和为齐国的诸侯，从此之后，齐王就都姓田了，取代了姜姓。

田氏齐王一连几代都挺有能力，让齐国发展成了当之无愧的大国，其他各国纷纷前来示好。

就这样，到齐宣王执政的时候，齐国的国力达到了鼎盛时期。说到齐宣王，就不得不说说齐威王和齐桓公。齐威王是齐宣王的父亲，他知人善任，邹忌、田忌、孙膑都是齐威王这一朝的名臣；齐宣王的爷爷是齐桓公，这个齐桓公可不是春秋时代的齐桓公姜小白，而是扁鹊给他看病的齐桓公，也很能干。

爷爷厉害，父亲厉害，齐宣王自己也绝非平庸之辈。他是《滥竽充数》故事里的主人公，爱好音乐，虽说让南郭先生钻了空子，但也充分说明了当时齐国的强盛；他娶了一个名叫钟离春的丑女，让后人津津乐道了几千年：在男尊女卑、女子无才便是德的古代社会里，容貌是大多数人评价女子的重要标准，而齐宣王看重的却是一名女子的内在品质，这十分难能可贵。齐宣王和孟子生活在同一个年代，《孟子》里《王顾左右而言他》中的"王"指的就是他，从这些记载中我们也能看出，齐宣王与孟子的交流还不少呢。

齐宣王能力很强，也很有魄力，但他做了一个十分草率的决定——进攻燕国，这件事既是导致"五国伐齐"的重要原因，也为齐国的衰落埋下了深深的隐患。

当时，燕王哙年纪渐渐大了，他认为国相子之很能干，便想效法上古时期的尧舜，把王位禅让给子之。事实上，子之非常有心计，他一直在想方设法取得燕王对自己的信任。燕王哙这么一弄，国家乱了套，因为他有儿子，不把王位传给儿子，而是给了一个外人，不仅儿子不乐意，大臣们也不同意啊。

燕国的内乱给了齐宣王机会，齐宣王在田忌和孟子的建议下，举兵伐燕。此时，燕国人正恨着子之和燕王哙呢，仅仅五十天，齐国就彻底攻下了燕国，杀了燕王哙和子之。

齐国吞并了燕国，实力大增，可是周边的诸侯国不高兴了。大家想想，哥几个一起创业，如果其中一个人地盘太大，那大家不就都要听他的了？春秋战国之所以能够绵延五百多年，一个重要原因就是各国之间相互制衡。

旁边的赵国首先受不了了：齐国攻打了燕国，会不会下一步就打赵国的主意啊？当时正是赵武灵王在位，他想起燕王哙还有个儿子公子职在韩国当人质呢，不如让他带领燕国人赶跑齐国人。

齐国的军队刚来燕国的时候对百姓还是很好的，但是很快就开始胡作非为。在这样的情况之下，公子职回到了燕国，被老臣和百姓拥戴为新燕王，就是燕昭王。

燕昭王初登王位的时候，国家是个烂摊子，但他四处招纳贤才，善待百姓，在他的治理下，伤痕累累的燕国渐渐恢复了元气。在燕国人的心里，对齐国始终是怀有亡国之恨的。燕昭王把国家治理稳定之后，一直希望"以其人之道还治其人之身"。

齐宣王去世之后，他的儿子齐湣王即位。齐湣王也是一位能干、强势的君主，何况老爸给他留下的齐国家大业大，地广人多。在他执政期间，齐国曾经打败过楚国和秦国，其他小诸侯国就更不在话下了。按照当时的发展趋势，统一天下的人似乎应该是齐湣王。但是他有一个致命的弱点，就是十分骄纵，认为自己天下第一，眼睛里谁也看不上。

齐湣王并不知道，这些年来，燕昭王一直在盯着他呢。看到齐湣王如此自大，燕昭王觉得机会来了。

燕昭王想派大将乐毅带队伐齐。乐毅是个很懂军事的将领，他觉得齐国毕竟是东方大国，不能轻举妄动，如果能与其他几个诸侯国一起攻打齐国，胜算会增加很多。

其他诸侯国也不乐意看到齐国强大，燕国一邀请，秦、魏、赵、韩就都同意了，这就是著名的"五国伐齐"。

齐国是一个老牌诸侯强国，可是齐湣王还是靠老一套的方式管理。他的将领触子要和五国联军打仗了，齐湣王为敦促其努力杀敌，竟然说："要是打不好就灭你三族。"齐湣王以为这样一说，触子就会拼命打。没想到，这些话让触子十分伤心，他在战场上直接收兵，不知去向了。另外一个将领来为士兵要赏钱，也被齐湣王大骂。

齐湣王的自负暴躁，让将士们十分寒心，谁还会好好打仗呢？这次，齐国被打得几乎亡国，燕昭王大仇得报。齐湣王最后的下场非常惨，被楚王派来的使者折磨致死：据说对方把齐湣王活生生地剥皮抽筋，还用抽出来的筋把他悬挂在房梁上。酷刑之下，齐湣王足足哀号了两天两夜，疼痛而亡。

"五国伐齐"之后，虽说齐国几经周折有了新的齐王，国祚还得以延长六十年，但从此元气大伤。齐国对燕、赵、韩、魏、秦等国充满恨意，所以，后来秦国攻打五国的时候，齐国并没有出手援助，而这也害了齐国自己，因为秦国打完五国就要打齐国了。

就这样，公元前221年，齐国为秦所灭，它是六国中最后灭亡的诸侯国。

从此，一个新的时代开始了！

战国策·邹忌讽齐王纳谏

●知识点

邹忌是战国时期齐国的大臣，齐桓公、齐威王、齐宣王，连着三任齐王都很重用他。

邹忌是齐威王的得力助手。齐威王在位时，邹忌已经是国相了，他主张革新，修订法律，劝说齐王多听取有德有才之臣的建议，推选得力的将领镇守边境。在他的辅佐之下，齐国渐渐强大起来。

不过，邹忌也有自己的烦心事。同朝有个叫田忌的将领，打过很多胜仗，而且手下又有孙膑这样卓越的军事人才。邹忌是个文官，不会打仗，他担心田忌风头太盛，会夺走齐威王对自己的喜爱，所以时时刻刻防着他。

如果可以穿越时空，你一定要回到两千三百多年前，到齐国看看邹忌 PK 田忌的过程，那真是高手之间的对决。

邹忌的手下为他出谋划策："您可以建议大王派田忌带军攻打魏国，如果打了胜仗，说明您策划有方，可以立功；如果打败了，田忌要么死在战场上，要么被军法处置，反正不管结果如何，对您都是好事！"邹忌采纳了谋士的建议，向齐威王进谏请田忌带军攻魏，得到了齐威王的许可。

于是田忌带兵出征魏国，没想到，连续三次大战，田忌都取得了全胜。

这下邹忌慌了：本来齐威王就很喜欢田忌，田忌又接连打了三个大胜仗，他的地位又得提高一大截啊！邹忌着急上火，赶紧又去找他的谋士们商量。最后他们决定一不做二不休，直接黑田忌一次。

邹忌手下的谋士派人携带重金，到集市上大张旗鼓地找人算命，并大声嚷嚷自己是田忌将军的部下，说，"如今田将军打了胜仗，名声大震，想要做一番大事业，请算卦先生看看怎么样，吉不吉利？"

这不是给田忌下绊儿吗？等算卦的一走，邹忌的谋士就把那个人抓了起来，送到齐威王面前，诬陷田忌想要谋反。田忌听说了这件事，很想到齐威王跟前申辩一下，又怕说不清楚——要是辩白不成，又失去了逃跑的机会，那可是要掉脑袋的。无奈之下，田忌只好选择一走了之，逃到了楚国。

这事让邹忌内心很得意，但是他这么一弄，也让齐国失去了一位重要的军事人才。

很多人看到这里，会对邹忌有看法，觉得他不够光明磊落。其实邹忌除了这件事以外，其他很多事情做得都还称得上是名臣之举，他带领齐国走向了强大，所以我们要辩证地看待这个人。

另外，邹忌是典型的帅哥，个子高挑，相貌英俊，下面这篇文章就是邹忌拿自己的容貌说事，给齐威王讲了一个道理。文中的邹忌有自知之明，善于思考，是勇于进谏的贤士形象；齐威王则是知错能改、从谏如流的明君形象。这篇文章告诉读者，只有虚心接受别人的建议和意见才能成功。

文中有很多倒装句，比如"我孰与城北徐公美？"这句话翻译过来就是："我和城北徐公谁更美？""孰"字本来应该放在"美"字之前，但是这句话属于疑问代词做宾语，通常这样的情况下会把疑问代词提前，形成宾语前置的文言文语法现象。

"君美甚"也是倒装句。这句话正确的语序是："君甚美"，就是"您很美"的意思。"甚"在这个句子里充当状语，所以这句话的文言文语法现象就是状语后置。

　　文言文中有很多倒装句，大家可以一起来找一找！

邹忌讽齐王纳谏①

《战国策·齐策一》

邹忌修八尺有余②，而形貌昳丽③。朝服衣冠，窥镜，谓其妻曰："我孰与城北徐公美？"其妻曰："君美甚，徐公何能及君也？"城北徐公，齐国之美丽者也。忌不自信，而复问其妾曰："吾孰与徐公美④？"妾曰："徐公何能及君也？"

旦日^⑤，客从外来，与坐谈，问之客

曰："吾与徐公孰美？"客曰："徐

公不若君之美也。"明日徐公来，

孰视之^⑥，自以为不如；窥镜而自

视，又弗如远甚。暮寝而思之，曰：

"吾妻之美我者^⑦，私我也^⑧；妾之美

我者，畏我也；客之美我者，欲有求

于我也。"

注 释

①讽：讽谏，用含蓄的话委婉地规劝。谏：规劝国君、尊长或朋友改正错误。②修：长，这里指身高。尺：战国时期的一尺约等于现在的23.1厘米。③昳丽：光艳美丽。④孰与：与……相比怎么样，表示比较、选择。⑤旦日：第二天。⑥孰：同"熟"，仔细。⑦美我：认为我美。⑧私：偏爱。

译 文

邹忌身高八尺有余，外表光艳美丽。（有一天）早晨，邹忌穿戴好衣帽，照着镜子，问妻子说："我与城北的徐公相比哪一个美？"他的妻子答道："您很美，徐公怎么能比得上您呀？"城北的徐公，是齐国的美男子。邹忌不相信自己比徐公美，因而又问他的妾："我同徐公比，谁美？"妾说："徐公哪能比得过您呀？"第二天，有客人从外面来，和邹忌坐着闲谈，邹忌问客人说："我和徐公谁美？"客人答道："徐公不如您美啊。"又过了一天，徐公来访，邹忌仔细端详他，自以为不如徐公美；而后又照镜子端详自己，更觉得远远不如。晚上躺在床上思考道："我的妻子认为我美，是偏爱我；妾认为我美，是害怕我；客人认为我美，是有求于我啊。"

于是入朝见威王，曰："臣诚知不如徐公美。臣之妻私臣，臣之妾畏臣，臣之客欲有求于臣，皆以美于徐公。今齐地方千里，百二十城，宫妇左右莫不私王①，朝廷之臣莫不畏王，四境之内莫不有求于王②：由此观之，王之蔽甚矣③。"

王曰："善。"乃下令："群臣吏民能面刺寡人之过者④，受上赏；上书谏寡人者，受中赏；能谤讥于市朝⑤，闻寡人之耳者⑥，受下赏。"令初下，群臣进谏，门庭若市；数月之后，时时而间进⑦；期年之后⑧，虽欲言，无可进者。燕、赵、韩、魏闻之，皆朝于齐。此所谓战胜于朝廷⑨。

①左右：君主左右近侍之臣。莫：没有谁。②四境之内：全国范围内。③蔽：蒙蔽，这里指所受的蒙蔽。④面刺：当面指责。⑤谤讥：这里指"议论"。市朝：指集市、市场等公共场合。⑥闻：使……听到。⑦时时：常常，不时。间进：偶然进谏。间，间或、偶然。⑧期年：满一年。⑨战胜于朝廷：在朝廷上取得胜利。意思是内政修明，不需用兵就能战胜敌国。

译 文

于是，邹忌上朝拜见齐威王，说："臣下确实知道自己不如徐公美。我的妻子偏爱我，我的妾害怕我，我的客人有求于我，他们都认为我比徐公美。如今，齐国有方圆千里的疆土，一百二十座城池，宫中嫔妃及左右近侍之臣没有一个不偏爱您；朝廷的大臣没有一个不敬畏您；国境之内，没有一个人不有求于您。由此看来，大王您所受的蒙蔽很深啊！"

齐威王说："好！"于是颁布命令："所有的朝臣、官吏和普通百姓，能当面指责我的过失的，给予上等奖赏；通过上书劝谏我的，给予中等奖赏；能够在公共场所议论我的过失而传入我耳中的，给予下等奖赏。"命令一发出，群臣纷纷上朝进谏，王宫就像集市一样热闹；几个月后，还偶尔有人来进谏；一年以后，就是想进谏，也没什么可说的了。燕、赵、韩、魏四国的国王听说这件事后，都到齐国来朝见。这就是所谓的不动用武力，安坐于朝廷之上就能战胜其他诸侯国。

战国策·唐雎不辱使命

●知识点

《战国策》是一部主要记录战国时代纵横家们的思想言论、政治主张的著作，书中有不少地方运用了夸张的表现手法。我们现在要讲的这篇《唐雎不辱使命》，就是虚构出来的。

这篇文章讲的是，安陵国的使臣唐雎带着安陵王的嘱托去见秦王嬴政，用气魄和胆识征服了秦王，最终保全了安陵国的故事。

故事中的唐雎临危不惧，据理力争，充满了正义与智慧，形象十分高大；可秦王就和我们之前了解的不太一样了，似乎有点懦弱。在唐雎拿出宝剑之后，他竟然"长跪而谢之"，像被霜打了的茄子一样。这段描写不符合历史，荆轲刺秦王的时候，嬴政反应极快，立刻挣断袖子抽身逃跑，最终还反杀了荆轲。大家想想，荆轲从小习武，在嬴政面前尚且这样，而唐雎是一介文人，根据历史记载，他即使真的有机会见到秦王嬴政，当时也已经是个老头子了，早已过了"英武"的年龄。

我们再来看看他佩剑去见秦王的可能性有多大。

以前我看过张艺谋导演的《英雄》，这部电影讲的就是秦国崛起之后，各国刺客想去刺杀秦王嬴政的故事。电影里的故事当然是虚构的，但是有一个情节让我印象深刻。当时拜见秦王时，都要在距离他百步开外远远叩拜，能近身叩拜都是一种殊荣。这个细节从侧面反映出了一个历史事实：接近秦王是极其困难的。《唐雎不辱使命》中的唐雎竟然可以佩剑面见秦王，侃侃而谈，在那个时候，这种情况是绝对不可能在秦国出现的。当时整个朝廷上只有一个人可以佩剑，就是秦王嬴政自己，在《荆轲刺秦王》的故事中，殿上的群臣没有任何办法拦阻荆轲，只能空手与荆轲搏斗，最终还是嬴政自己拔剑刺伤了荆轲。由此可见，唐雎佩剑见秦王甚至"挺剑而起"，恐怕只是一种虚构的描写而已。

再有，嬴政好武。安陵国不过是方圆五十里的一个小国，而且是魏国的属国，当时魏国都已经被秦给灭掉了，皮之不存，毛将焉附？嬴政怎么可能为这样一个"小不点"国家费这么大劲儿呢？

既然历史上不存在这样的事实，为什么作者要写一个这样的故事呢？因为秦王嬴政在统一天下的过程中，给老百姓带来了巨大痛苦，激起了各国百姓的反抗，所以作者创造了这样的故事，塑造了唐雎威武不屈、力挽狂澜的人物形象，表达了人们美好的愿望。文章中字里行间透露出来的情绪，也符合当时人们的心理需求。

唐雎不辱使命①

《战国策·魏策四》

<ruby>秦<rt>qín</rt></ruby> <ruby>王<rt>wáng</rt></ruby> <ruby>使<rt>shǐ</rt></ruby> <ruby>人<rt>rén</rt></ruby> <ruby>谓<rt>wèi</rt></ruby> <ruby>安<rt>ān</rt></ruby> <ruby>陵<rt>líng</rt></ruby> <ruby>君<rt>jūn</rt></ruby> <ruby>曰<rt>yuē</rt></ruby>：" <ruby>寡<rt>guǎ</rt></ruby> <ruby>人<rt>rén</rt></ruby> <ruby>欲<rt>yù</rt></ruby>

<ruby>以<rt>yǐ</rt></ruby> <ruby>五<rt>wǔ</rt></ruby> <ruby>百<rt>bǎi</rt></ruby> <ruby>里<rt>lǐ</rt></ruby> <ruby>之<rt>zhī</rt></ruby> <ruby>地<rt>dì</rt></ruby> <ruby>易<rt>yì</rt></ruby> <ruby>安<rt>ān</rt></ruby> <ruby>陵<rt>líng</rt></ruby> ②， <ruby>安<rt>ān</rt></ruby> <ruby>陵<rt>líng</rt></ruby> <ruby>君<rt>jūn</rt></ruby> <ruby>其<rt>qí</rt></ruby> <ruby>许<rt>xǔ</rt></ruby>

<ruby>寡<rt>guǎ</rt></ruby> <ruby>人<rt>rén</rt></ruby> ③！" <ruby>安<rt>ān</rt></ruby> <ruby>陵<rt>líng</rt></ruby> <ruby>君<rt>jūn</rt></ruby> <ruby>曰<rt>yuē</rt></ruby>："<ruby>大<rt>dà</rt></ruby> <ruby>王<rt>wáng</rt></ruby> <ruby>加<rt>jiā</rt></ruby> <ruby>惠<rt>huì</rt></ruby>，

<ruby>以<rt>yǐ</rt></ruby> <ruby>大<rt>dà</rt></ruby> <ruby>易<rt>yì</rt></ruby> <ruby>小<rt>xiǎo</rt></ruby>， <ruby>甚<rt>shèn</rt></ruby> <ruby>善<rt>shàn</rt></ruby>； <ruby>虽<rt>suī</rt></ruby> <ruby>然<rt>rán</rt></ruby>， <ruby>受<rt>shòu</rt></ruby> <ruby>地<rt>dì</rt></ruby> <ruby>于<rt>yú</rt></ruby> <ruby>先<rt>xiān</rt></ruby>

<ruby>王<rt>wáng</rt></ruby>， <ruby>愿<rt>yuàn</rt></ruby> <ruby>终<rt>zhōng</rt></ruby> <ruby>守<rt>shǒu</rt></ruby> <ruby>之<rt>zhī</rt></ruby>， <ruby>弗<rt>fú</rt></ruby> <ruby>敢<rt>gǎn</rt></ruby> <ruby>易<rt>yì</rt></ruby>！" <ruby>秦<rt>qín</rt></ruby> <ruby>王<rt>wáng</rt></ruby> <ruby>不<rt>bú</rt></ruby>

<ruby>说<rt>yuè</rt></ruby> ④。 <ruby>安<rt>ān</rt></ruby> <ruby>陵<rt>líng</rt></ruby> <ruby>君<rt>jūn</rt></ruby> <ruby>因<rt>yīn</rt></ruby> <ruby>使<rt>shǐ</rt></ruby> <ruby>唐<rt>táng</rt></ruby> <ruby>雎<rt>jū</rt></ruby> <ruby>使<rt>shǐ</rt></ruby> <ruby>于<rt>yú</rt></ruby> <ruby>秦<rt>qín</rt></ruby>。

<ruby>秦<rt>qín</rt></ruby> <ruby>王<rt>wáng</rt></ruby> <ruby>谓<rt>wèi</rt></ruby> <ruby>唐<rt>táng</rt></ruby> <ruby>雎<rt>jū</rt></ruby> <ruby>曰<rt>yuē</rt></ruby>："<ruby>寡<rt>guǎ</rt></ruby> <ruby>人<rt>rén</rt></ruby> <ruby>以<rt>yǐ</rt></ruby> <ruby>五<rt>wǔ</rt></ruby> <ruby>百<rt>bǎi</rt></ruby> <ruby>里<rt>lǐ</rt></ruby>

之地易安陵，安陵君不听寡人，何也？且秦灭韩亡魏⑤，而君以五十里之地存者，以君为长者，故不错意也⑥。今吾以十倍之地，请广于君⑦，而君逆寡人者，轻寡人与？"唐雎对曰："否，非若是也。安陵君受地于先王而守之，虽千里不敢易也，岂直五百里哉⑧？"

注 释

①不辱使命：完成了出使的任务。辱，辱没、辜负。②易：交换。③其：句中用来加强语气的助词。④说：通"悦"，高兴、愉快。⑤秦灭韩亡魏：秦灭韩国在始皇十七年（前230），灭魏国在始皇二十二年（前225）。⑥错意：置意。错，通"措"，放置，安放。⑦广：形容词活用为动词，扩充。⑧直：副词，仅仅，只。

译 文

秦王派人对安陵君说："我想用方圆五百里的土地交换安陵，安陵君一定要答应我！"安陵君说："承蒙大王给予恩惠，以大换小，很好；即使这样，但我从先王那里接受了这块封地，希望能永远守卫它，不敢用来交换！"秦王不高兴。安陵君因而派唐雎出使秦国。

秦王对唐雎说："我用方圆五百里的土地来换安陵，但安陵君不肯听从我，这是为什么呢？况且秦国灭了韩国、亡了魏国，而安陵君仅凭方圆五十里的土地幸存下来，是因为我把安陵君看作忠厚长者，所以才没打他的主意。现在我拿十倍于安陵的土地，让安陵君扩大领土，而他竟然违抗我的意愿，是轻视我吗？"唐雎回答："不，不是像你说的这样。安陵君从先王那里接受了封地，就要守住它，即使方圆千里之地也不敢交换，何况只是五百里呢？"

秦王怫然怒^⑦，谓唐雎曰："公亦尝闻天子之怒乎？"唐雎对曰："臣未尝闻也。"秦王曰："天子之怒，伏尸百万，流血千里。"唐雎曰："大王尝闻布衣之怒乎？"秦王曰："布衣之怒，亦免冠徒跣，以头抢地尔。"唐雎曰:"此庸夫之怒也,非士之怒也②。夫专诸之刺王僚也③,彗星袭月;聂政之刺韩傀也④,白虹贯日;要离之刺庆忌也⑤,仓鹰击于殿上⑥。此三子者,皆布衣之士也,怀怒未发,休祲降于天⑦,与臣而将四矣。若士必怒,伏尸二人,流血五步,天下缟素,今日是也。"挺剑而起。

秦 王 色 挠^⑧，长 跪 而 谢 之 曰^⑨：

"先 生 坐！何 至 于 此！寡 人 谕 矣^⑩：

夫 韩、魏 灭 亡，而 安 陵 以 五 十 里 之 地

存 者，徒 以 有 先 生 也 。"

注 释

①怫然：盛怒的样子。②士：这里指有胆识、有才能的人。
③专诸：春秋时吴国人。公子光（即吴王阖闾）想杀王僚自立，
就使专诸把匕首藏在鱼肚子里，借献鱼为名，刺杀了王僚。④聂
政：战国时韩国人。韩傀：韩国的相国。韩国大夫严仲子同韩
傀有仇，请聂政去把韩傀刺杀了。⑤庆忌：吴王僚的儿子，在
僚被杀后，逃到卫国，吴王阖闾派要离去把他杀了。⑥仓：同

"苍"。⑦休祲：吉凶的征兆，这里偏指凶兆。休，吉祥。祲，不祥。⑧挠：屈服。⑨长跪而谢之：直身跪着，向唐雎道歉。古人席地而坐，坐时两膝着地，臀部落在脚跟上。长跪则是把腰挺直，以表示敬意。⑩谕：明白，懂得。

译 文

秦王勃然大怒，对唐雎说："你可曾听说过天子发怒？"唐雎回答："我没有听说过。"秦王说："天子一发怒，倒下的尸体上百万，流出的鲜血上千里。"唐雎说："大王可曾听说过平民发怒？"秦王说："平民发怒，也不过就是摘下帽子，光着脚，把头往地上撞罢了。"唐雎说："这是平庸无能的人发怒，不是有胆识、有才能的人发怒。以前专诸行刺吴王僚时，彗星的尾巴扫过月亮；聂政刺杀韩傀时，一道白光直冲上太阳；要离刺杀庆忌时，苍鹰扑到宫殿上。这三位都是出身平民的有胆识的人，他们心里的愤怒还没发作出来，上天就降示了征兆，加上我，将变成四个人了。要是有才能和有胆识的人发起怒来，横在地上的尸体不过两具，流血不过五步，可是天下的人都要穿上白色丧服，今天就是这样。"说完就拔出宝剑，站起身来。

　　秦王吓得脸色大变，直身而跪，向唐雎道歉："先生请坐，怎么到了这种地步！我明白了：那韩国、魏国都灭亡了，而安陵国却凭着五十里的土地幸存下来，只因为有先生您啊！"

战国策·画蛇添足

原　典

chǔ yǒu cí zhě　　　 cì qí shè rén zhī jiǔ
楚 有 祠 者 ①，赐 其 舍 人 卮 酒 ②。

shè rén xiāng wèi yuē　　　　shù rén yǐn zhī bù zú　　　　yì
舍 人 相 谓 曰："数 人 饮 之 不 足，一

rén yǐn zhī yǒu yú　　　　qǐng huà dì wéi shé　　　xiān chéng zhě
人 饮 之 有 余。请 画 地 为 蛇，先 成 者

yǐn jiǔ
饮 酒 ③。"

yì rén shé xiān chéng　　　yǐn jiǔ qiě yǐn zhī　　　　nǎi
一 人 蛇 先 成，引 酒 且 饮 之 ④，乃

zuǒ shǒu chí zhī　　yòu shǒu huà shé　　yuē　　　wú néng
左 手 持 卮 ， 右 手 画 蛇 ， 曰 ：" 吾 能

wèi zhī zú　　　wèi chéng　　yì rén zhī shé chéng　　duó qí
为 之 足 。" 未 成 ， 一 人 之 蛇 成 ， 夺 其

zhī yuē　　　shé gù wú zú　　zǐ ān néng wèi zhī zú
卮 曰 ：" 蛇 固 无 足 ， 子 安 能 为 之 足 ？"

suì yǐn qí jiǔ　　wéi shé zú zhě　　zhōng wáng qí jiǔ
遂 饮 其 酒 。 为 蛇 足 者 ， 终 亡 其 酒⑤ 。

注 释

①祠：春祭。周代贵族一年四季都要祭祀祖宗，不同季节祭祀都有专门的称呼，春天祭祀称"祠"。②舍人：门客，手下办事的人。卮：古代盛酒的器皿，泛指酒杯。③成：完成。④引：拿、举。⑤亡：丢失，失去。

译 文

楚国有一个举行祭祀的人，祭毕，赐给手下办事的人一壶酒。门客们商量说："这点酒几个人不够喝，一个人喝还有剩余。请大家在地上画蛇，先画成的人喝酒。"

有一个人先把蛇画好了，拿起酒壶准备饮酒，他左手拿着酒壶，右手仍在继续画蛇，说："我能给蛇画上脚。"蛇脚还没画好，另一个人把蛇画好了，抢过他的酒壶说："蛇本来就没有脚，您怎么能给它画上脚呢？"于是就把壶中的酒喝了下去。那个给蛇画脚的人，最终失去了他应得的酒。

3

淮南王留下的《淮南子》

说起《淮南子》，同学们可能觉得有些陌生，但是提起《嫦娥奔月》《女娲补天》《塞翁失马》《大禹治水》这些神话故事和历史典故，大家一定非常熟悉，它们都出自《淮南子》。

《淮南子》是西汉汉武帝时期的淮南王刘安组织门客编写的一本书。淮南王刘安是从他爸爸那里承袭来的爵位，他的爸爸叫刘长，是第一代淮南王。刘长是汉高祖刘邦的儿子，刘安就是刘邦的孙子。刘安生活的年代，当朝皇帝是汉武帝刘彻，刘彻是刘邦的曾孙子。这样算来，刘安比刘彻高一辈，也就是汉武帝要叫刘安叔叔——原来真正的刘皇叔在这里，哈哈！

在中国古代，有王爵制度，就是皇帝可以给他的兄弟们和子嗣封王，有功的大臣也有被封王的机会，不过数量就少多了。刘安的爸爸刘长的王爵之位是汉高祖刘邦亲自授予的，所以淮南王的地位还是很高的。

刘安不仅身份尊贵，而且才华横溢。他不但是文学家，还是远近闻名的古琴演奏家。此外，他还效仿战国时期秦国丞相吕不韦，组织门客编撰文章，据说他的门客多达几千人。当时汉武帝刘彻非常敬重这个叔叔，觉得他很有才能，所以刘安任性的时候，汉武帝经常选择原谅他。

刘安真的比较任性。早年汉武帝还没有嫡子的时候，别人给刘安拍马屁说："皇帝没有太子呢，如果皇帝将来驾崩了，您是最有可能接替皇位的人啊！"我经常说，人不能有太多欲望。刘安如果能踏踏实实做个淮南王，必定能一辈子好吃好喝，啥都不愁。可是他被大家一撺掇，心里就痒痒了，真觉得自己有当皇帝的命，于是又是练兵又是收买人心，那架势仿佛就等着皇帝驾崩自己好登基似的。

谁知道汉武帝身体一直很硬朗，十五岁登基，一直干到七十岁，做了五十五年皇帝。当然，他后来也陆陆续续有了六个儿子。

然而刘安仍不甘心，他带着几个儿子加紧行动，招揽了各种能人做自己的门客。那些人吃刘安的、喝刘安的，所以肯定都顺着刘安的心愿来说话啊，于是他们想方设法变着花样儿吹捧刘安。在这样的情况下，刘安越发找不着北了，天天与门客密谋，并且招兵买马准备谋反。

天下没有不透风的墙。刘安在下边做的各种小动作，汉武帝哪能不知道？虽然几次听说这个皇叔想谋反，身边的大臣也纷纷上书要求对刘安治罪，但汉武帝并没有真正收拾他。

后来，刘安知道汉武帝已经听说了自己想要谋反一事，他终于害怕了。这可是大罪啊，如果被抓住肯定没命了，一不做二不休，干脆起兵夺位吧！

这不是鸡蛋碰石头吗？汉武帝派人去审问刘安。刘安自知理亏，提前自刎了。

一个大才子，本可以做文坛巨星，就这样陨落了。

幸好，他留下了《淮南子》，还留下了一种美味的食品——豆腐。很多古书都记载了刘安发明豆腐的事情，包括李时珍的《本草纲目》。

刘安一直琢磨如何才能长生不老，他还想多活几年当皇帝呢！于是不惜重金招纳了很多术士，在家里炼丹。他们用山中的清泉磨制豆汁，又用豆汁培育丹苗，不料仙丹没有炼成，倒是豆汁和石膏、盐起了化学反应，形成一种鲜嫩白滑的东西，就是豆腐的雏形。

当时人们都不知道这个东西是什么，但它看上去很漂亮，有人大着胆子尝了一口，哇，味道好极了。刘安听说后，赶紧与术士们反复试验，终于使豆乳凝固到一块，他们给这种东西取了个好听的名字——菽乳，后来改称"豆腐"。后来，豆腐在民间广泛流传开来，刘安也就无意中成为豆腐的老祖宗了。

接下来，我为大家介绍几篇《淮南子》中的文章，希望同学们喜欢！

淮南子·塞翁失马

●知识点

这个故事一共有四番儿，非常戏剧化地阐述了"福"与"祸"之间既对立又统一的关系。

第一番儿，家里的马丢了。古代人家中的马就相当于我们现代人家里的车，是大件财产，丢了这么重要的东西，这本是一件让人伤心的事情，但是主人很淡然，认为这未必是件坏事。

第二番儿，几个月后，马回来了，不仅自己回来了，还把"好朋友"也带了回来！胡人的马都是良种，这下，主人的财富瞬间猛增，大家都来祝贺他，可是主人头脑很清醒，认为这未必是件好事儿。

第三番儿，主人的儿子喜欢骑马，一看家里有这么多匹好马，天天骑。结果有一天，他从马上摔了下来，把大腿摔骨折了。这太糟心了，人们纷纷前来安慰他们一家，但是乐观的主人说："也许这是件好事。"

最后一番儿，一年后，官府征兵，青壮年都拿起弓箭上了战场，很多人都战死了，而这个男孩由于腿瘸，不用去应征，反而活了下来。

这篇文章通过四次故事的转折，揭示了"祸兮福所倚，福兮祸所伏"的哲学道理，说白了就是遇到逆境要保持乐观的心态，遇到顺境要懂得居安思危。

可能有读者会说，"国家有难，匹夫有责"，怎么可以逃避兵役呢？其实在古代，连年征战给百姓带来了很多灾难，不少文学作品都带有反战情绪，比如《木兰辞》，还有杜甫的"三吏""三别"……读《塞翁失马》时大家不必上纲上线，就把它看作一个普通的哲学故事，领会其中的道理就好了。

第一段中有一句"马无故亡而入胡"，这里的"亡"，是"逃跑"的意思；成语"亡羊补牢"中的"亡"，是"丢失"的意思。这两处都不能翻译成"死亡"。

塞翁失马

《淮南子·人间》

近塞上之人，有善术者①，马无故亡而入胡。人皆吊之②，其父曰："此何遽不为福乎③？"居数月④，其马将胡骏马而归⑤。人皆贺之，其父曰："此何遽不能为祸乎？"家富良马，其子好骑，堕而折其髀⑥。人皆吊之，其父曰："此何遽不为福

hū jū yì nián hú rén dà rù sài dīng zhuàng zhě
乎？"居一年，胡人大入塞，丁壮者

yǐn xián ér zhàn⑦ jìn sài zhī rén sǐ zhě shí jiǔ⑧
引弦而战⑦。近塞之人，死者十九⑧。

cǐ dú yǐ bǒ zhī gù fù zǐ xiāng bǎo gù fú zhī
此独以跛之故，父子相保。故福之

wéi huò huò zhī wéi fú huà bù kě jí shēn bù kě
为祸，祸之为福，化不可极，深不可

cè yě
测也。

注释

①术：术数，推测人事吉凶祸福的方术，如医、卜、星、相等。②吊：慰问。③何遽：怎么就，表示反问。④居：过了。用于表示时间的词语前，表示相隔一段时间。⑤将：带领。⑥髀：大腿骨。⑦引弦：拿起武器。⑧十九：十分之九，指绝大部分。

译 文

　　靠近边塞一带居住的人中，有一个精通术数的人，他的马无缘无故跑到了胡人的住地。人们都前来慰问他，那个老人说："这怎么就不是一种福气呢？"过了几个月，那匹马带着胡人的良马回来了。人们都来祝贺他，那个老人说："这怎么就不是一种灾祸呢？"他家中有很多匹好马，他的儿子喜欢骑马，结果从马上坠下来摔断了腿。人们都来慰问他，那个老人说："这怎么就不是一件好事呢？"过了一年，胡人大举入侵边塞，壮年男子都要拿起武器去作战。边塞一带的人，绝大部分都死了。唯独这个人的儿子因为腿瘸免于征战，父子得以保全生命。所以祸变为福，福变为祸，变化无穷无尽，深不可测。

淮南子·女娲补天

《女娲补天》这个故事最早出自《山海经》和《楚辞》，不过大家比较熟悉的是《淮南子》中的这一版——"女娲炼五色石以补苍天"。后来曹雪芹写《红楼梦》时，开篇就引用了这个故事，说女娲补天的时候剩下了一块石头，这块石头经过女娲锻炼，通了灵性，"因见众石俱得补天，独自己无材不堪入选，遂自怨自叹，日夜悲号惭愧"。有一天，一个癞头和尚与一个跛足道人从这里经过，他们同情石头的遭遇，答应将它带入红尘见识享乐一番，于是就把那无材补天之石变成了"通灵宝玉"。贾宝玉就是口衔"通灵宝玉"出生的，所以《红楼梦》还有一个名字叫《石头记》。

女娲补天用的石头是五色石，这五色石到底是哪一种石头，现在已经不可考了。我觉得大家可以想象一下，因为"女娲补天"本来就是神话故事。在我看来，五色石可能就是雨花石。

在古代，由于认知水平、人力物力有限，人们对自然现象的了解也有限。面对各种自然灾害，人们既无法理解，又无能为力，便想象出了许多无所不能的神和英雄，让他们来帮助人类完成无法完成的任务。在这则著名的神话故事中，女娲在天塌地陷、老百姓没办法生活下去的时候挺身而出，救民于水火之中，展现了古代人民创造美好生活的朴素愿望。

女娲补天

《淮南子·览冥》

往古之时，四极废，九州裂，
天不兼复，地不周载，火爁焱而不
灭①，水浩洋而不息②，猛兽食颛民③，
鸷鸟攫老弱④。于是，女娲炼五色石
以补苍天，断鳌足以立四极⑤，杀黑
龙以济冀州⑥，积芦灰以止淫水。苍
天补，四极正，淫水涸，冀州平，

jiǎo chóng sǐ   zhuān mín shēng

狡 虫 死 ⑦ ， 颛 民 生 。

注 释

①爁焱：火势蔓延。②浩洋：水势盛大的样子。③颛：善良。④攫：用爪迅速抓取。⑤鳌：大龟。⑥济：救助。冀州：古九州之一，这里代指四海之内。⑦狡虫：毒蛇猛兽。

译 文

远古时代，四根擎天大柱倾倒了，九州大地裂开了，天不能覆盖大地，大地也无法承载万物，大火蔓延不熄，水势浩荡不止，猛兽吞食善良的人民，凶禽捕食老人弱子。于是女娲炼五色石来修补苍天，砍下鳌足当擎天柱，斩杀黑龙拯救四海，堆积芦苇烧尽的灰去抵御洪水。苍天补好了，四柱擎立，洪水消退，四海平定，猛兽被杀，善良的百姓得以生存。

淮南子·神农尝百草

●**知识点**

我们中国人被称作炎黄子孙，也就是炎帝和黄帝的子孙。炎帝是谁，一直都有争议，其中有一种说法认为炎帝就是神农氏。

女娲补天之后，不知过了多长时间，在烈山的一个石洞里出生了一个小孩。这个孩子天生异相：身体是透明的，五脏六腑清晰可见，头上还长有两只角，牛头人身。

如果今天我们看到一个这样长相的孩子，肯定会被吓一跳，但是当时的人们认为这是天神下凡。于是他长大后，大家推举他为部落首领，他们居住在炎热的南方，就自称炎族，称他为炎帝。

相传有一次，炎帝看见一只红色的鸟衔着一串像种子一样的东西飞来，鸟儿在他面前吐出嘴里的东西，绕着他飞了三圈，接着又唧唧啾啾地叫了一阵才飞走了。炎帝认为这是天帝送来的礼物，便把这些东西拾起来，埋在土里。他又用木头制成耒耜，教人们给这些埋在地里的东西松土。不久，这块地里真的长出了禾苗。炎帝又教大家掘井灌溉禾苗，到秋天的时候，这一大片禾苗真的成熟了。就这样，人们学会了耕种粮食。

部落里的人开心极了，他们觉得炎帝太聪明了，并且善于农事，所以称他为"神农"。因此，周边的部落也称炎帝部落为"神农部落"。

后来，神农又发现部落里生病的人很多，可是大家都不知道怎样治疗，非常痛苦，于是他决定带着大家，去寻找治病的方法。他们走了七七四十九天，终于来到一个山林中，这里野兽横行，神农带领大家和野兽搏斗。杀死野兽之后，他们继续前行。可是抬头一看，这山峰直直地高耸入云，根本没办法上去啊！

神农不气馁，他带着大家砍木杆，割藤条，沿着山崖搭架子，一天搭一层，从春天搭到夏天，从秋天搭到冬天，不管刮风下雨，还是漫天飞雪，从来不停工。整整搭了一年，才搭到山顶。相传后来人们盖楼房时搭脚手架，就采用了神农的办法。

终于上了山顶，看到山顶上各种颜色的花花草草，神农觉得一切辛苦都是非常值得的。他请部落里的伙伴防着野兽，自己采摘花草，每摘一种，他都放在嘴里亲自尝尝，然后记录下这种植物的味道和品尝时的感觉。最终，他找到了很多可以治病的植物，并称它们为"草药"。所以，神农也是中医药的始祖。

当然，有的草药可以治病，有的是带有毒性的。因为尝百草，神农经常中毒，大多时候，他都能很快找到解药。据说有一次中毒之后，就是灵芝救了他的命。但是最后一次，他很不幸地尝到了"断肠草"，这一回，他就没有这么幸运了。

"断肠草"这个名字听上去就好可怕，我查了查资料，发现还真有这种草。吃下断肠草后，肠子会变黑黏结，人会腹痛不已，有时甚至危及生命。我看新闻上说，近年来还发生过误服"断肠草"的事件，因为它与中药金银花相似，被几个学生泡水喝了，结果立刻中毒，幸好抢救及时，没有生命危险。

因为误食"断肠草"，神农就这样走了，但是他尝百草的故事流传了下来。后人认为他搭架子采草药的地方就在今天湖北省武当山附近，于是把那里称作"神农架"，现在已经是"世界地质公园"了。

神农尝百草

《淮南子·修务》

古者，民茹草饮水^①，采树木之
实，食蠃蚌之肉^②，时多疾病毒伤
之害。于是神农乃始教民播种五
谷，相土地之宜、燥湿肥墝高下^③；
尝百草之滋味、水泉之甘苦，令民
知所辟就^④。

注 释

①茹：吃。②蠃：通"螺"。蚘：通"蚌"。③墝：土地坚硬贫瘠。下：低。④辟：通"避"。

译 文

远古时期，人们吃野草、喝生水，采树上的果实充饥，吃生的螺蚌肉果腹，经常受到疾病和有毒食物的伤害。在这种情况下，神农氏就开始教导人们播种五谷，察看土壤的干燥潮湿、肥沃贫瘠、地势高低，看各自适宜栽种什么样的农作物；他还亲自品尝百草的滋味、泉水的甘苦，让人们知道怎样避开有害的东西，取用有益的事物。

4

四书五经，
都是儒家经典

学习传统文化，经常会提到"四书五经"。

我们首先要弄明白，四书五经都是儒家经典。也就是说，春秋战国很多其他学派的思想，如法家、道家、墨家、纵横家等等，都和"四书五经"没关系。

了解东周这段历史的同学们一定知道，那时是中国哲学和文学的大发展时代，各种思想百花齐放。但是为什么到了两千多年后，儒家经典作品最出名？为什么那么多思想家中，孔子最为大家所熟悉呢？

这事吧，孔子得感谢一个叫董仲舒的人。当然，孔子不认识他，因为他出生于公元前179年，那个时候，孔子已经去世整整三百年了。

从春秋到战国，到秦朝，再到西汉初年，这几百年时间里，道家、儒家、墨家、法家各派思想都有不少追随者。尤其是道家思想，渐渐有一种压倒百家的气势，越来越多的皇家人士信仰道家"无为而治"的思想。

一直到西汉初年，汉高祖刘邦也是钟爱道家思想的。

很快到了汉武帝时期，汉武帝是西汉的第七位皇帝。这个时候农民和地主之间的矛盾越来越多，暴力反抗越来越多，道家思想已经不适合用来管理人民了。汉武帝刘彻也头疼啊，天天有人折腾闹事，皇帝心里也不安啊。于是他就开始琢磨了，如何在思想上统一，让民众顺从听话，这样我这皇帝就当得安稳了！

汉武帝发出诏书，诚征人才。很快，一个叫董仲舒的人就脱颖而出了。他看到汉武帝正在发愁呢，作为臣子，给皇帝解忧也是应该的啊！于是他上书皇帝，提出"无为而治"现在已经行不通了，必须做出点改变，比如孔子的理论就很适合拿来治国。董仲舒提出"罢黜百家，独尊儒术"的主张，翻译成今天的话就是：别的思想派别都回家睡觉去吧，我们现在要推崇孔子的儒家思想了。儒家思想讲究仁义礼智信，讲究君臣有别，讲究天下大一统，这些都很符合汉武帝当时的想法。于是两人一拍即合，董仲舒立刻被重用，一直到他七十五岁去世才结束工作。

从此，儒家思想就变成了封建社会的正统思想，影响了中国两千多年的历史。

既然把儒家思想定成了全国读书人的必修课，那接下来就得找教材了，没有教材空口说肯定不行啊。这个时候"五经"的概念就被提出来了。"五经"是指《诗经》《尚书》《礼记》《易经》《春秋》，相传这"五经"都是孔子和他的弟子整理编著的——原来有"六经"，还有一个是《乐经》，但是后来失传了。再加上秦始皇"焚书坑儒"，烧了好多书，不少书就此消失了，真是中华文化的一大损失。我们现在看到的丰富的先秦文学，有相当一部分是通过文人口口相传保留下来的。

所以说，对于秦始皇，我们要辩证地看待：一方面，他统一了文字、车轨、货币和度量衡，确实为中国实现"大一统"作出了重要的贡献；但另一方面，他的"焚书坑儒"又对中华文化造成了巨大的伤害。

"四书"概念的形成比"五经"晚了一千多年，是南宋著名理学家朱熹提出的。朱熹对儒家思想的研究非常深入，不仅归纳出了"四书"的概念，还为很多儒家经典作品重新做了集注。正因为朱熹对传播儒家思想的贡献巨大，所以他去世之后，灵位被摆进了孔庙。要知道，在当时的孔庙，大家祭拜的除了孔子和他的亲传弟子，只有朱熹一个人是"外人"。

据说，朱熹一出生就带着"星象"：右眼角长着七颗痣，而且还是北斗星的图案。他写过一首诗很著名，现在被小学课本收录，叫《春日》："胜日寻芳泗水滨，无边光景一时新。等闲识得东风面，万紫千红总是春。"下次你们背这首诗的时候，可要记起大名鼎鼎的朱熹啊！

朱熹熟读儒家作品后，从《礼记》中挑出了《大学》《中庸》两篇，把它们与《论语》《孟子》合称为"四书"，也叫"四子书"。为啥叫"四子书"呢？是因为这四部著作和四个"子"有关：《大学》讲述的是儒家修身齐家治国平天下的思想，相传为曾子所作；《中庸》讲的是人生的修养境界，相传为孔子的孙子子思所著；《论语》是记录孔子和其弟子言行的书；《孟子》记载的主要是孟子的言论与事迹。

"四书五经"是最经典的儒家思想作品，是西汉之后所有读书人的必读书目。也就是说，古代时，如果你想参加科举考试，那么第一步就是熟读这些儒家经典。也正因为这样，这些作品才被比较完整地保留了下来。

今天，虽然我们不去参加科举考试，但是我个人认为，儒家经典作品中蕴含的不少做人做事的道理都是永不过时的，比如告诉大家要"修身"，也就是提高自身的修养，严格要求自己，每天反省自己，这些观点即使在今天，仍具有很强的教育意义。

当然，今天我们也不必拘泥于只看儒家作品，这是个百花齐放的新时代，大家可以多读各个学派的作品，从中吸收营养！

礼记·苛政猛于虎

● 知识点

《礼记》是"五经"之一，上一篇文章专门介绍过。大家肯定都想知道，《礼记》是谁写的呢？关于作者，我只能用"据传"这两个字，因为史书上就是这样记载的：据传是孔子的七十二弟子，还有其他学生一起写的。但是当时内容比较零散，再加上"焚书坑儒"导致内容有所丢失。直到西汉，有一位非常著名的礼学家叫戴德，他是朝廷的官员，他和他的侄子戴圣对于各种礼学有很深入的研究，他们用了很多精力整理儒家经典著作，重新编著了《礼记》。

回看中国的历史，周代是礼仪大发展的年代。那个时候，礼仪已经成为天子的治国工具了。也就是说，每个阶层都有自己应该遵守的礼仪规范，不能随意"越礼"。吃饭有吃饭的礼仪，睡觉有睡觉的礼仪，人出生有一整套仪式，去世就更是如此了。祭祀礼仪非常烦琐，有不少专门的书籍记录。说白了就是你不能想做什么就做什么，做每一件事都有自己应该遵守的规矩。在法律不完备的两三千年前，天子用礼仪统治人们很多年。

到了东周春秋时期，"礼"已经被推行到生活的方方面面，潜移默化地规范了人们的行为。

古人认为天地皆有灵，在每个时段都有要祭祀的对象。比如秋天天气转凉了，就要祭祀火，感谢火给人们带来光明和温暖。在当时人们的意识里，只有今年办好了祭祀，明年火才会好好地回来。

比如天子登基了，要去祭天、祭山、祭祀祖宗，感谢上天赐予天子神力。

这是天子的礼仪。百姓也有百姓的礼仪，主要是吃喝、起居等生活方面应该注意的地方。

在周代，"礼"不仅仅是礼仪，还是社会规范，在当时人们的心中，"礼"就是"法"，绝对要遵守。

孔子给学生讲课的时候，经常会探讨各种礼仪制度，后人把这些都记录了下来。到了戴德的年代，他把这些文章收集整理起来。戴家可不止戴德一个人在做这个工作，他的侄子戴圣后来也整理了不少。后人把叔叔称作"大戴"，将其编纂整理的《礼记》版本叫《大戴礼记》；侄子戴圣就是"小戴"了，其整理的版本叫《小戴礼记》。我们现在看到的基本上都是《小戴礼记》。

《礼记》里一共有四十六篇文章，其中《曲礼》《檀弓》《杂记》三篇篇幅较长，一般会分为上下篇，这样就又增加了三篇，所以很多《礼记》版本都有四十九篇。

我们今天学习的《苛政猛于虎》出自《檀弓》的下篇，文章通过讲述孔子出行路上遇到的一件事，说明"苛政猛于虎"。这句话翻译过来就是："苛刻残暴的政令比老虎还要凶猛可怕啊！"这篇文章用了对比的手法，通过"猛虎"和"苛政"的对比，形象地说明统治者的残暴本性。故事短小，但是寓意非常深刻。

原 典

苛政猛于虎

《礼记·檀弓下》

<ruby>孔<rt>kǒng</rt></ruby> <ruby>子<rt>zǐ</rt></ruby> <ruby>过<rt>guò</rt></ruby> <ruby>泰<rt>tài</rt></ruby> <ruby>山<rt>shān</rt></ruby> <ruby>侧<rt>cè</rt></ruby>， <ruby>有<rt>yǒu</rt></ruby> <ruby>妇<rt>fù</rt></ruby> <ruby>人<rt>rén</rt></ruby> <ruby>哭<rt>kū</rt></ruby> <ruby>于<rt>yú</rt></ruby> <ruby>墓<rt>mù</rt></ruby> <ruby>者<rt>zhě</rt></ruby>

<ruby>而<rt>ér</rt></ruby> <ruby>哀<rt>āi</rt></ruby>， <ruby>夫<rt>fū</rt></ruby> <ruby>子<rt>zǐ</rt></ruby> <ruby>式<rt>shì</rt></ruby> <ruby>而<rt>ér</rt></ruby> <ruby>听<rt>tīng</rt></ruby> <ruby>之<rt>zhī</rt></ruby>①， <ruby>使<rt>shǐ</rt></ruby> <ruby>子<rt>zǐ</rt></ruby> <ruby>路<rt>lù</rt></ruby> <ruby>问<rt>wèn</rt></ruby> <ruby>之<rt>zhī</rt></ruby>

<ruby>曰<rt>yuē</rt></ruby>②："<ruby>子<rt>zǐ</rt></ruby> <ruby>之<rt>zhī</rt></ruby> <ruby>哭<rt>kū</rt></ruby> <ruby>也<rt>yě</rt></ruby>， <ruby>壹<rt>yī</rt></ruby> <ruby>似<rt>sì</rt></ruby> <ruby>重<rt>chóng</rt></ruby> <ruby>有<rt>yǒu</rt></ruby> <ruby>忧<rt>yōu</rt></ruby> <ruby>者<rt>zhě</rt></ruby>③。"

<ruby>而<rt>ér</rt></ruby> <ruby>曰<rt>yuē</rt></ruby>："<ruby>然<rt>rán</rt></ruby>。 <ruby>昔<rt>xī</rt></ruby> <ruby>者<rt>zhě</rt></ruby> <ruby>吾<rt>wú</rt></ruby> <ruby>舅<rt>jiù</rt></ruby> <ruby>死<rt>sǐ</rt></ruby> <ruby>于<rt>yú</rt></ruby> <ruby>虎<rt>hǔ</rt></ruby>④， <ruby>吾<rt>wú</rt></ruby> <ruby>夫<rt>fū</rt></ruby>

<ruby>又<rt>yòu</rt></ruby> <ruby>死<rt>sǐ</rt></ruby> <ruby>焉<rt>yān</rt></ruby>， <ruby>今<rt>jīn</rt></ruby> <ruby>吾<rt>wú</rt></ruby> <ruby>子<rt>zǐ</rt></ruby> <ruby>又<rt>yòu</rt></ruby> <ruby>死<rt>sǐ</rt></ruby> <ruby>焉<rt>yān</rt></ruby>。" <ruby>夫<rt>fū</rt></ruby> <ruby>子<rt>zǐ</rt></ruby> <ruby>曰<rt>yuē</rt></ruby>：

"<ruby>何<rt>hé</rt></ruby> <ruby>为<rt>wèi</rt></ruby> <ruby>不<rt>bú</rt></ruby> <ruby>去<rt>qù</rt></ruby> <ruby>也<rt>yě</rt></ruby>？" <ruby>曰<rt>yuē</rt></ruby>："<ruby>无<rt>wú</rt></ruby> <ruby>苛<rt>kē</rt></ruby> <ruby>政<rt>zhèng</rt></ruby>。" <ruby>夫<rt>fū</rt></ruby> <ruby>子<rt>zǐ</rt></ruby>

<ruby>曰<rt>yuē</rt></ruby>："<ruby>小<rt>xiǎo</rt></ruby> <ruby>子<rt>zǐ</rt></ruby> <ruby>识<rt>zhì</rt></ruby> <ruby>之<rt>zhī</rt></ruby>⑤， <ruby>苛<rt>kē</rt></ruby> <ruby>政<rt>zhèng</rt></ruby> <ruby>猛<rt>měng</rt></ruby> <ruby>于<rt>yú</rt></ruby> <ruby>虎<rt>hǔ</rt></ruby> <ruby>也<rt>yě</rt></ruby>。"

①夫子：古代对师长的称呼，这里指孔子。式：通"轼"，指车前的扶手横木，这里用作动词，意为扶着车前横木。②使：派遣。③壹：确实。重有忧：连着有了几件伤心事。④舅：当时称丈夫的父亲为舅，即公公。⑤小子：古时长者称晚辈为小子。这里指孔子称他的徒弟。识：通"志"，这里指记住。

译 文

孔子路过泰山脚下，看到一个妇人在墓前哭得很悲伤。孔子扶着车前的横木听她哭，让子路前去问她："您这样哭，实在像连着有了几件伤心事似的。"妇人就回答："是这样的，之前我的公公被老虎咬死了，后来我的丈夫又被老虎咬死了，现在我的儿子又死在了老虎口中！"孔子问："那为什么不离开这里呢？"妇人回答说："这里没有残暴的政令。"孔子感慨地说："年轻人要记住这件事，苛刻残暴的政令比老虎还要凶猛可怕啊！"

礼记·大道之行也

●知识点

这是一篇体现儒家思想的经典文章，内容是孔子在鲁国的城楼上与弟子谈论国事，表达了他心中对于理想社会的期盼。关于这篇文章的作者有多种说法，有人认为是孔子的弟子所作，也有一些学者认为这篇文章是在战国末期或者秦朝，有人借孔子及其弟子之名写作的。

在这篇文章中，作者以孔子的名义，描绘了他心中的大同社会，即儒家的理想社会。这里的"同"有"和顺、平稳"的意思。

这里有个语法知识需要提醒一下：

题目"大道之行也"的"之"在这里的作用是取消句子独立性。取消句子独立性，是指将助词"之"放在主谓结构中间，使原本可以独立成句的话变得语意未完。在这句话中，前面的"大道"指政治上的最高理想或治理社会的最高准则，后面的"行"是"推行"或者"执行"的意思。"大道"和"行"中间加了个"之"字，构成主谓短语："大道"是主语，"行"是谓语。这个知识点对于同学们来说可能有一定的难度，你们可以这样翻译：理想社会施行时。

"之"字在文言文中的用法是我们学习的重要知识点，在第二册中我已经给大家详细讲过。

这篇文章中有两个通假字需要注意：一个是"选贤与能"的"与"，通"举"，就是"选举"的意思；另外一个是"矜、寡、孤、独、废疾者皆有所养"中的"矜"，这个字大家都认识，"矜持"的"矜"，在这里通"鳏"。"鳏夫"指老而无妻，也指死了妻子的人。后面的"寡"则指老而无夫的人。

古文中通假字很多，"通假"是借用、借代的意思，就是用读音相同或者相近的字代替本字。通假字形成的原因有很多，比如古代很多文章是手抄传下来的，在抄写的过程中，书写者可能受方言或者文化程度的影响把某个字记录成了另一个字，下一个人就跟着他抄写了，最后就形成了今天我们看到的通假字。

大道之行也

《礼记·礼运》

dà dào zhī xíng yě tiān xià wéi gōng xuǎn xián jǔ
大 道 之 行 也， 天 下 为 公。 选 贤 与

néng jiǎng xìn xiū mù gù rén bù dú qīn qí qīn
能， 讲 信 修 睦①。 故 人 不 独 亲 其 亲②，

bù dú zǐ qí zǐ shǐ lǎo yǒu suǒ zhōng zhuàng
不 独 子 其 子③， 使 老 有 所 终④， 壮

yǒu suǒ yòng yòu yǒu suǒ zhǎng guān guǎ gū
有 所 用⑤， 幼 有 所 长， 矜、 寡、 孤、

dú fèi jí zhě jiē yǒu suǒ yǎng nán yǒu fèn
独、 废 疾 者 皆 有 所 养⑥， 男 有 分⑦，

nǚ yǒu guī huò wù qí qì yú dì yě bú bì cáng
女 有 归⑧。 货 恶 其 弃 于 地 也， 不 必 藏

yú jǐ lì wù qí bù chū yú shēn yě bú bì wèi
于 己； 力 恶 其 不 出 于 身 也， 不 必 为

jǐ 。 shì gù móu bì ér bù xīng， dào qiè luàn zéi ér
己 。 是 故 谋 闭 而 不 兴 ， 盗 窃 乱 贼 而

bú zuò， gù wài hù ér bú bì 。 shì wèi dà tóng 。
不 作 ， 故 外 户 而 不 闭 。 是 谓 大 同 。

注 释

①修：培养。②不独亲其亲：不只是敬爱自己的父母。第一个
"亲"用作动词，以……为亲。第二个"亲"用作名词，指父母。
③不独子其子：不只是疼爱自己的子女。第一个"子"用作动词，
以……为子。第二个"子"用作名词，指子女。④有所终：能够
善终。⑤有所用：能够发挥自己的才能，为社会效力。⑥矜：通
"鳏"，指老而无妻。寡：老而无夫。孤：幼而无父。独：老而
无子。废疾：有残疾而不能做事。者：……的人。⑦分：职分，职
守。⑧归：女子出嫁。

译 文

在大道施行的时候，天下是公共的。选择推举品德高尚有才干的人，（人人）讲求诚信，培养和睦的风气。因此人们不只是敬爱自己的父母，不只是疼爱自己的子女（也会推己及人，富有爱心）。使老人能够善终，壮年人能发挥自己的才能为社会效力，孩子能够健康成长，使鳏夫、寡妇、孤儿、孤寡老人、残疾人都有人供养，使男子有工作，女子出嫁有归宿。人们憎恶把财货扔在地上的行为（而去拿起它），却不一定要自己私藏；人们憎恨在公共劳动中不出力的行为，（但这种憎恨心理）不一定是为自己谋取私利。因此奸诈之心闭塞而不会兴起，盗窃、造反和害人的事情也不会发生，（家家户户）都不用关闭大门了。（我认为）这就叫作理想社会。

礼记·虽有嘉肴

这篇文章是我比较喜欢的《礼记》中的一篇，它讲述了"教学相长"的道理，提醒大家要在实践中不断学习。儒家思想非常重视实践，只有把明白了的道理付诸行动，才能真正掌握这些道理。

关于这一点，我有深切的体会：因为喜欢读书，对许多古文很熟悉，但是真正站在讲堂上给学生们讲时，就发现感觉完全不一样。教学会让自己的知识变得更扎实，所以我经常告诉同学们，有空的时候多学习，肚子里有知识了，再给别人多讲解，每次讲解都是无比珍贵的提升过程。

这篇文章中有一句："《兑命》曰：'学学半'，其此之谓乎！"《兑命》（"兑"读"yuè"）也称作《说命》，是《尚书》中的一篇文章。前面讲到"四书五经"的时候我也写到了，《尚书》是"五经"之一，相传为孔子整理，是我国最早的历史文献汇编，也是我国最早的散文总集。

《尚书》是儒家经典中命运特别坎坷的一部书。秦始皇"焚书坑儒"，儒家经典作品基本被烧了个精光。到了西汉，前面的几个皇帝都比较重视文化发展，于是找读书人一点点回忆，再加上秦博士伏胜冒着生命危险，将《尚书》藏在墙壁的夹层里，这才把《尚书》重新整理了出来。西汉文人整理的这版被称作《今文尚书》，共二十八篇。

还有一版叫《古文尚书》，相传是鲁恭王发现的。鲁恭王是谁呢？就是西汉第六位皇帝汉景帝的儿子，汉武帝刘彻的哥哥。鲁恭王是位不折不扣的玩家，喜欢养条狗啊，养匹马啊，没事还喜欢盖宫殿，命一帮宫女来唱唱跳跳。这位王爷不善言谈，据说还有点口吃，可是有一件事让他出名了。他不是"鲁"恭王嘛，自然平时生活在鲁地，有一次，他又要大兴土木，建造新的宫殿了。这一回，他选的地方占用了"文圣"孔子故居的一部分。鲁恭王比较任性，直接决定拆孔子的旧宅，给自己盖宫殿。唉，估计天上的孔子知道了这事得哭。孔子的后人也没办法啊，这是皇室贵胄，谁敢惹？

结果，孔子的老房子被拆了。

据说正是这次"强拆"，让人们在一面墙里发现了原版《尚书》。当然，这事谁也没看到，到底是不是真从孔子家的墙里找到的，直到今天都是一个谜。本着宁可信其有的原则，这版《尚书》被称作《古文尚书》。

原 典

虽有嘉肴

《礼记·学记》

suī yǒu jiā yáo　　fú shí　　bù zhī qí zhǐ yě
虽有嘉肴，弗食，不知其旨也 ①；

suī yǒu zhì dào　　fú xué　　bù zhī qí shàn yě　　shì
虽有至道 ②，弗学，不知其善也。是

gù xué rán hòu zhī bù zú　　jiāo rán hòu zhī kùn　　zhī
故学然后知不足，教然后知困 ③。知

bù zú　　rán hòu néng zì fǎn yě　　zhī kùn　　rán hòu
不足，然后能自反也 ④；知困，然后

néng zì qiáng yě　　gù yuē　　jiào xué xiāng zhǎng yě
能自强也。故曰：教学相长也。

yuè mìng　　yuē　　xiào xué bàn　　qí cǐ zhī
《兑命》曰："学学半 ⑤"，其此之

wèi hū
谓乎！

①旨：味美。②至道：最好的道理。③困：困惑。④自反：自我反思。⑤学学半：教别人，占自己学习的一半。前一个"学"同"敩"，教导。

译 文

虽然有美味的食物，不去品尝，就不知道味道的甘美；虽然有最好的道理，不去学习，就不知道它的好处。所以，学习之后才知道自己的不足，教授别人之后才知道自己还有不懂的地方。知道了自己的不足，然后就能自我反省；知道了自己的困惑，然后才能勉励自己。所以说：教和学是相互促进的。《尚书·说命》说"教别人，占自己学习的一半"，说的就是这个道理！

礼记·嗟来之食

●知识点

这个故事讲的是春秋时齐国发生大饥荒，一个饥饿的人宁愿饿死，也不吃别人施舍的食物。在今天看来，我们会觉得这个人好傻：都快饿死了，咋能不吃呢？先活命要紧啊！中国古代的"士"很有气节，在他们心中，气节常常比生命更重要。

当然，在古代也有不少人是能屈能伸的：比如春秋末期的越王勾践，他被吴王夫差打败后，给夫差当了好几年奴隶，但是最终他卧薪尝胆，打败了夫差，成了新的霸主；再比如西汉的韩信，曾经被人戏弄，要求他从别人的胯下钻过去，韩信承受了"胯下之辱"，之后通过自己的不断努力，拜将封侯，衣锦还乡。

其实，中国古代大部分文人对于侮辱性的言论和行为，忍受力还是比较弱的。可能其中有相当一部分人是受了这篇文章的影响，才宁愿死也不愿意违背自己的内心吧。

我们应该学会辩证地看待这个问题：既要坚持内心的梦想，又要学会想方设法解决遇到的困难，而不是一味地往死胡同走。

这篇文章中有三个"之"字，其中两个是代词：第一段里"以待饿者而食之"的"之"指代的是黔敖准备的食物，第二段中"扬其目而视之"的"之"指代的是黔敖。这样的用法在古文中非常多，我们每次碰到就强调一下，希望同学们能够渐渐形成语感，以后一看到就能说出意思来。第三个"之"是"予唯不食嗟来之食以至于斯也"中的"之"，在这里用作助词，是"的"的意思。

原　典

嗟来之食
《礼记·檀弓下》

齐大饥。黔敖为食于路①，以待饿者而食之②。

有饿者，蒙袂辑屦③，贸贸然来④。黔敖左奉食，右执饮，曰："嗟，来食⑤！"扬其目而视之，曰："予唯不食嗟来之食以至于斯也⑥！"从而谢焉⑦。终不食而死。

①为食：设置食物。为，动词，做，或指所做出的动作。②食：把食物给人吃，同"饲"。③袂：衣袖。辑：收拢。屦：用麻、葛等制成的鞋。④贸贸：同"眊眊"，眼睛失神，看不清楚。贸贸然，这里指昏昏沉沉的神态。⑤嗟，来食：喂，来吃！指不客气的招呼声。⑥唯：由于。斯：此。⑦谢：道歉。

译 文

齐国发生了大饥荒。黔敖在大路旁边摆设了食物，等待饥饿的人给他们吃。

有个饥饿的人，用袖子遮着脸，趿拉着鞋，昏昏沉沉、跌跌撞撞地走过来。黔敖左手拿起食物，右手端起汤水，说："喂！来吃吧！"饥饿者抬起眼睛看着黔敖，说："我就是因为不吃'嗟来之食'，才落到这个地步的！"黔敖赶紧向他道歉。那个人最终不肯吃黔敖的食物，饿死了。

5

秦始皇为什么要『焚书坑儒』?

每次读先秦文学的时候,我总有一种遗憾的感觉。要不是秦始皇嬴政"焚书坑儒",我们就能看到更多原汁原味的先秦文学作品了。

难道我们现在看到的先秦作品不够原汁原味吗?还真是这样,因为秦始皇的一个错误决定,很多书籍被一把大火烧光了;直到西汉,皇帝们重新重视了,才一点点找回这些书。

找回来有两种途径:一种是真的找回来了,很多文人志士当时冒死藏着的图书,到西汉终于可以重见光明了;还有一种是书已经完全被烧毁了,幸好书生们曾经背过这本书,凭记忆重新把书回忆出来。不过,靠回忆找出来的书,是不是原汁原味还真不敢保证。毕竟时间过去了几十年,又没有参照,纰漏肯定是有的。

这样看来，秦始皇的"焚书坑儒"是大大破坏了文化的发展啊！秦始皇作为千古一帝，统一了疆土，统一了文字，统一了度量衡和车轨，但是在后人的心中，他却是个"暴脾气君王"，这个形象很大程度上就与"焚书坑儒"有关。

那当年他为什么要这样做，谁给他出谋划策的呢？

我们把时间轴移到公元前213年。那个时候，秦始皇当皇帝已经八年了。有一次，他在咸阳宫宴请七十名博士。首席博士周青臣代表博士们向秦始皇敬献祝词，他走上前恭维了一通秦始皇：以前的秦国，不过方圆千里，多亏陛下您啊，平定了这么多地方。如今，凡是日月所能照耀的地方，没有不臣服您的。您把地域分为三十六个郡县，百姓安居乐业，国家没有战争的侵扰，可以万世流传。从古到今，那么多人，谁比得上您的威德啊！

说句实话，这些语言够肉麻的，但是谁不喜欢听好听的话啊，秦始皇当时肯定心里美滋滋的。

可是就在这时，有个特别不"懂事"的人站了出来，他叫淳于越，也是一位大臣。他不仅指责周大臣有拍马屁之嫌，还拿出周礼来说事。周朝过后才是秦朝，淳于越摆出当年的天子，让秦始皇向他们学习，这不明摆着说秦始皇现在做得不够好，必须向古人学习嘛？淳于越还说了句特别吓人的话：不向古人学习的人是不能让国家长治久安的。这句话触动了秦始皇的神经。

不仅如此，淳于越还建议秦始皇分封子弟功臣，认为不把地盘给自己家人这事很要命。说到这里，就不得不提分封制了。在过去的几百年中，实行的都是分封制，皇帝可以分封土地给兄弟子孙，土地给了人家，土地上的人民一并给了分封的诸侯，诸侯就可以统治自己的地盘，但是这样一来，又容易造成诸侯势力过大，形成春秋战国时期那种打来打去的状态。所以，秦始皇统一全国之后，实行的是郡县制，就是地方官郡守和县令都是由皇帝任免，只有管理权，没有统治权。秦始皇采用了新的政治制度，以避免诸侯权力过大。

再来说这淳于大臣，人家周姓大臣也就是客气下，给皇帝说点好听的，您就别当真了，一较真儿，这事就麻烦了。

当时的局面很尴尬，这是在吃饭的时候啊。秦始皇强压怒火，下令回头再就这个问题进行讨论，把难题甩给了当朝丞相李斯。

这本来是件小事，但是李斯又一次上纲上线。他认为淳于越等大臣之所以有这样的想法，就是因为他们想标新立异，用自己学的东西诽谤君主所立的新制。如今秦始皇统一了国家，是多么不容易的事情，所以为了维护国家的安定团结，避免节外生枝，就要搞定这些书生，让他们不许再瞎议论，瞎提意见。怎样才能让这些书生闭嘴呢？不如干脆把不是秦国史官写的史书全都销毁。各地藏匿的《诗》《书》和诸子百家之书，也全部交到郡守处集中销毁。有胆敢再藏匿或聚众谈《诗》《书》者一律处死，有胆敢以古非今者灭族。

这也太狠了点吧，真是馊主意。

为了巩固王权，秦始皇竟然同意了这个方案。于是中国历史上臭名昭著的焚书令产生了。

在焚书事件发生后的第二年，求仙急切的秦始皇派出的韩终、徐福、卢生等一批方士没有一点音信，于是他下令立即逮捕在京城咸阳的诸生，被捕诸生又相互揭发，牵连了四百六十人，全部活埋。这就是历史上骇人听闻的"坑儒"事件。

"焚书坑儒"让秦始皇在极短时间内迅速统一了思想、控制了舆论，但对于中华文化的传承，无疑是巨大的损失。幸好所焚的只是民间私藏的"反动"儒家经书，很多儒家著述被当时的国家图书馆有意识地保存下来，还有不少文人冒死藏下了一批书籍，再加上一些记忆力超牛的学者记住了很多内容，才让先秦文化得以流传。

所以，我们得认真品读这些文学作品，敬畏历史，才能读懂今天！

《大学》选段一

● **知识点**

  《大学》是儒家经典的入门读物，原来是《小戴礼记》中的第四十二章，后来独立成篇。今天咱们读《大学》，可能觉得有点困难，但对于古人来说，这是读书人最最基础的读物。"大学"这两个字的主要意思是"大人之学"。古时候，孩子入学先学一些基本技能，比如认字、写字、礼仪、射箭，到十四五岁，就开始读"大学"，学习"修己治人"的学问了，这个时候最先要学习的就是《大学》。

  《大学》本是《礼记》中的一章，它什么时候单独成书的呢？这要从北宋说起。那个时候，儒家思想早已"一家独大"了，出现了很多研究者。其中有两兄弟，哥哥叫程颢，弟弟叫程颐，曾经拜写《爱莲说》的周敦颐为师学习过。他们三人都是宋代理学的代表人物。"理学"又被称为道学，是一个以儒家思想为核心，并吸收佛家和道家的一些理论而形成的独特的哲学门派，对后世影响很大。

理学家们首先得精通儒学，程家兄弟既然是"带头人"，当然要努力学习儒家作品，他们比较推崇《礼记》中的《大学》这一章，认为这是初学者的"必读书"。在古代，作为一个读书人，如果连这篇《大学》都没读透，那说明你连初级门槛都没过，至于《论语》《孟子》什么的，还都轮不上你看呢。

到了南宋，理学家里又出了一位高人，他的名字叫朱熹。

前面我们讲过，朱熹出生的时候身上长了七颗痣，而且是北斗七星的形状，好像预示着他要做一番大事。果然，他成了南宋理学家中当仁不让的代表人物。朱熹继承了"二程"的思想并将其发扬光大，他们的学说被称作"程朱理学"。朱熹的主要思想就是六个字："存天理，灭人欲。"什么叫"灭人欲"呢？简单地说，就是人不能有太多的欲望，必须革除贪欲、私欲。这样的思想极大地禁锢了百姓，却很受统治者们欢迎，因为百姓都控制自己的欲望，需求很少，这样国家就好管理啊。

所以，在南宋之后的元明清三代，朱熹的理论被皇帝们推崇备至。

朱熹还做了一件大事，就是提出了"四书"的概念。前面我也讲过，他把《礼记》中的第四十二章《大学》单独拿出来，加上自己的注释，这就是《大学章句》。朱熹认为《大学》是入门读物，每个读书人都应该努力研习。

关于《大学》的作者，相传是曾子。后人经过研究，更倾向于认为这部书是战国后期一些儒生的作品，现在并无定论。

我这次选择了《大学》中经典的几段，和大家分享。

原 典

大学之道，在明明德^①，在亲民^②，在止于至善^③。知止而后有定^④，定而后能静，静而后能安，安而后能虑，虑而后能得^⑤。物有本末^⑥，事有终始。知所先后，则近道矣。

注 释

①明明德：前一个"明"作动词，彰明、弘扬；后一个"明"是形容词，明德指高尚的德性。②亲民：程颐认为"亲"当作"新"，即革新、自新。亲民，也就是新民，使人弃旧图新、去

恶从善。③至善：最完美的境界。④知止：知道目的。⑤定、静、安、虑、得：指心理自我认识、完善的过程，是儒家心性修养的重要途径。⑥本末：根本与枝末。

译 文

大学的宗旨，在于弘扬高尚的品德，在于使人弃旧图新、去恶从善，在于让自己的道德达到最完善的境界。知道应达到的境界才能够志向坚定，志向坚定才能够内心沉静，内心沉静才能够心神安定，心神安定才能够认真思考，认真思考才能够有所收获。每样东西都有根本、有枝末，每件事情都有开始、有终结。明白了本末始终的道理，就接近事物发展的规律了。

《大学》选段二

●知识点

"修身、齐家、治国、平天下"是儒家思想的重要内容，可以说，在那个年代，"平天下"是儒生们的终极目标。要理解这句话的含义，一定要站在当时的历史年代——周朝来看。

在周朝，国家的最高统治者是周天子。注意，这个时候还叫"天子"。下一个朝代就是秦，秦的第一位"最高长官"就是秦始皇。秦始皇认为"天子"这个词不足以形容他的伟大，自己的功绩可以和"三皇五帝"媲美，所以创造了一个新的名词：皇帝。从那个时候起，一直到最后一个封建朝代清朝，皇帝一直都是中国"最高长官"的称谓。

注意，在周朝，也就是孔子所处的时代，天下是天子的。"平天下"是指安抚天下的百姓，使他们能够安居乐业，而不是用武力平定天下。

"治国"中的"国"，指的并不是我们今天意义上的国家，而是指诸侯国。当时周天子为了笼络人心，给王室子弟、功臣或子孙后裔分封土地，建立了许多隶属于周的诸侯国。

接下来说"齐家"，这里的"家"也不是指咱们平时理解的"爸爸妈妈孩子"组成的家，而是指整个家族或者宗族。

而最后的"修身"就是自己的事情了，"修"字可以理解为"完善"，"修身"就是努力让自己成为一个行为有规范的人，一个更加完美的人。怎样才能成为一个更加完美的人呢？那就要多读书，多了解世界。还是那句老话：读万卷书，行万里路。如果还能更多地掌握事物的规律，严格要求自己，做事有底线和准则，就更加完美啦！

这就是那个年代大丈夫应该具有的品质和毕生的追求：修身、齐家、治国、平天下。

原　典

古之欲明明德于天下者，先治
其国；欲治其国者，先齐其家^①；欲
齐其家者，先修其身^②；欲修其身
者，先正其心；欲正其心者，先
诚其意；欲诚其意者，先致其知^③；
致知在格物^④。

物格而后知至，知至而后意诚，
意诚而后心正，心正而后身修，

shēn xiū ér hòu jiā qí　　jiā qí ér hòu guó zhì　　guó

身 修 而 后 家 齐 ， 家 齐 而 后 国 治 ， 国

zhì ér hòu tiān xià píng

治 而 后 天 下 平 。

注 释

①齐其家：管理好自己的家族或宗族。②修其身：修养自身的
品性。③致其知：使自己获得知识。④格物：认识、研究万事万物
的原理。

译 文

　　古代想要在天下弘扬光明正大品德的人，先要治理好自己的国家；
想要治理好自己的国家，先要管理好自己的家庭和家族；想要管理好自
己的家庭和家族，先要修养自身的品性；想要修养自身的品性，先要端
正自己的心思；想要端正自己的心思，先要使自己的意念真诚；想要使
自己的意念真诚，先要使自己获得知识；获得知识的途径在于认识、研

究万事万物的原理。

认识、研究万事万物的原理后，才能知理彻底；知理彻底后，意念才能真诚；意念真诚后，心思才能端正；心思端正后，才能修养品性；品性修养后，才能管理好家庭和家族；管理好家庭和家族后，才能治理好国家；治理好国家后，天下才能太平。

6 司马迁，一位极品史官

司马迁是我最喜欢的史官，没有之一。

喜欢他，不仅因为他写出了"史家之绝唱，无韵之《离骚》"的《史记》，更因为他为人正直，刚正不阿。在受了宫刑这样的屈辱之后，他依然没有放弃自己的信念，牢记老父亲的嘱托，呕心沥血十三年写出《史记》，对朋友、对亲人、在事业上都称得上是君子。

司马迁生活在汉武帝刘彻的时代。对，就是那个特别能干的皇帝，派张骞开辟了丝绸之路的皇帝。但是，对于司马迁，他实在是不够意思。

司马迁喜欢研究历史是子承父业，他的父亲司马谈就是一名史官。只不过他的父亲没有完成修史的梦想，就生了大病。那一年，汉武帝要到泰山举行封禅大典，文武百官都要随行，司马谈却病得爬不起来了。作为一名优秀的史官，而且是参与设计了这次封禅大典的重要官员，不能随皇帝登上泰山，简直太遗憾了。在即将离开这个世界的时候，他与儿子有过一次认真的交流：作为史官，司马谈最揪心的事情就是自从孔子编撰了《春秋》以后，还没有一部史书完整地记录后面的历史。从春秋末年到战国时代，再到秦汉，频繁的战争也让很多史书散佚，历史记载几乎中断。司马谈一生最大的理想，就是把这些历史"拾"起来。尤其到了汉代，国家统一，君主贤明，不记载下来实在太可惜了。

司马谈知道自己已时日不多，便把这副重担交给了颇有才华的儿子司马迁，勉励他做一个优秀的史官，以公正客观的心态去书写历史。司马迁在父亲的病榻前，流泪发誓，一定会尽力实现父亲的梦想。

在京城做官的司马迁结交了很多贤能之士，其中对他影响最大的应该是董仲舒和孔安国。

董仲舒是西汉著名的思想家，他把儒家思想和当时社会需求相结合，提出了"罢黜百家，独尊儒术"的主张，被汉武帝采纳。董仲舒对司马迁的影响很大，他所主张的"反暴政""崇尚忠义""大一统"等观点后来也成了《史记》的核心理念。

孔安国是孔子的后人，家里藏着个"大宝贝"——《古文尚书》十几篇。司马迁经常去他家拜访，拜读他的私人藏书，后来在写作《史记》的时候，也从中做了大量的引用。

对于司马迁来说，人生最大的坎坷就是人到中年之后，却被皇帝处以宫刑。但他经受住了命运的考验，并且在遭遇了这样的人生大不幸之后，写出了旷世杰作《史记》。

司马迁才华横溢，本来颇受汉武帝器重，那么，他到底如何得罪了汉武帝，又怎么会被处以宫刑呢？

这事要从一位叫李陵的大将说起。李陵的爷爷是李广，就是西汉那个有名的"飞将军"。据说李广有一次受了重伤，被匈奴人俘虏了，匈奴人把他放在两匹马中间用绳子编成的吊床里，带回大营。结果谁也没有想到，重伤在身的李广将军竟然在路上瞅准时机，突然一跃而起，夺过匈奴骑兵的战马，扬长而去，把匈奴人都看傻了。后来大家就称李广为"飞将军"。唐代诗人王昌龄写过："但使龙城飞将在，不教胡马度阴山。"意思就是："如果当年的李广将军还在，绝不会让这些胡人跨过阴山。"

爷爷是英雄，孙子也不差，到了李陵这一代，大汉的外患依然是匈奴。有一次，汉武帝派李陵为另一位将军护送粮草和装备，但是李陵觉得送粮草这事儿不能展示自己的能力，他希望有机会立下更大的战功。于是主动向汉武帝请缨，要带五千步兵去和匈奴人拼一拼。

汉武帝一看，这小子勇气可嘉啊，于是就同意了。不过打仗可不是凭一腔热血就能胜利的，李陵他们在路上遭遇了匈奴首领单于的伏击，架不住人家人多，李陵他们寡不敌众，最后无奈之下投降了。

李陵兵败投降的消息传到长安后，汉武帝非常生气。好男儿战死沙场是光荣的，投降当叛徒是可耻的。墙倒众人推，满朝文武官员也纷纷声讨李陵。当汉武帝询问司马迁对此事的看法时，司马迁的回答很客观，他说，李陵一向怀有报国之心，平时对待父母非常孝顺，对待朋友也很忠义，他只带了约五千步兵，就敢深入胡地，与单于激战十多天，杀敌一万多，这已经很不容易。虽然他最后投降了，但看他的心意，或许并非真心投降，只是想先活下来，以后再找机会报效大汉王朝吧！

当时汉武帝正在气头上，听到有人竟敢为叛徒辩解，心里很不高兴：别人都在指责李陵，怎么你司马迁就不一样？！再加上后来有其他官员谎报军情，说李陵在匈奴大练兵，准备回来攻打汉朝。这一下，汉武帝彻底被激怒了，直接杀了李陵的妻子和孩子，还把替李陵开脱的司马迁一块儿治了死罪。

按照当时西汉的法律，即使一个人被判了死罪，也还有两条生路可以选择：第一就是交钱免死，只要能拿出足够的钱，就可以"买命"；第二是自请宫刑，这样也可以不死，但从此就活得很没有尊严了。司马迁不是贪生怕死之人，但是他心中的著史大业尚未完成，所以选择了第二条生路——自请宫刑。

司马迁为什么不选择交钱免死呢？因为他没钱啊！那个时候，史官的主要职责是起草文书、记载史实、编写史书，同时兼管一些国家典籍、天文历法、祭祀等事宜，薪水少得可怜。司马迁拿不出五十万为自己赎罪免死，无奈之下，他只得选择接受宫刑。

司马迁忍辱负重，呕心沥血，发愤著书，先后历经十三个春秋，终于完成了不朽的史学巨著《史记》。《史记》全书五十二万余字，记载了自上古传说中的黄帝时代，到汉武帝太初四年，前后共三千多年的历史。宫刑改变了司马迁的命运，但没有改变他的世界观和严谨的治史理念。

在写到当朝帝王汉武帝的时候，他除了称赞汉武帝的文治武功，也指出了汉武帝的一些不足。这个时候，汉武帝已经到了晚年，做了几十年的皇帝，他已经变得越来越刚愎自用，不能接受一点点批评了，所以当他看到司马迁竟然说自己"内多欲而外施仁义"，顿时大怒，竟直接将《史记》付之一炬！

每次想到这里，我都为司马迁喊命运不公。纵观历史，汉武帝确实是一位有作为的皇帝，国家在他的治理下变得非常强大，但是对于司马迁，他的处理确实过于草率。

那么《史记》是怎么留传下来的呢？幸好司马迁还抄了一本，藏在家中。他有一个女儿嫁给了杨敞，这位杨先生在汉武帝的儿子汉昭帝当政时期曾经官至宰相。司马迁的女儿给杨家生下了两个儿子，大儿子杨忠，小儿子杨恽。杨恽自幼聪颖好学，他的母亲便经常把自己珍藏的《史记》拿出来读给孩子听。杨恽被外祖父写的这些故事深深地吸引了，爱不释手。后来他长大了，当官了，觉得当朝皇帝汉宣帝比较开明，便上书皇帝，把《史记》献了出来。从此，世人才有机会读到这部伟大的史书。

至此，司马迁才得以瞑目。

史记·周亚夫军细柳

● **知识点**

这篇文章出自司马迁的《史记》。司马迁是汉武帝朝代的人，而这篇文章讲的是汉文帝时代的故事。汉文帝是汉武帝的爷爷。

文章采用了对比的写作手法，写汉文帝先后慰问三处军营时的状况。汉文帝到了霸上（今西安城东）、棘门（今咸阳市西南渭河北岸），主帅都热情地出门迎接，对皇帝毕恭毕敬，士兵们个个欢欣鼓舞；而周亚夫将军的军队中，士兵个个处于备战状态，并没有因为皇帝的到来改变军规。周亚夫将军见汉文帝时，因身着铠甲，只是作揖，没有叩拜。这在封建社会几乎是不可能发生的事情，见到皇帝不磕头，谁敢啊！可正是周亚夫这样的表现，赢得了汉文帝对他的敬重，汉文帝认为这才是军队应有的军容。

这篇文章表面上是称赞周亚夫将军，实际上还称赞了汉文帝。如果没有汉文帝知人善用，心胸宽广，周亚夫这样的行为会被认为是违背礼制，冒犯皇权。

汉文帝刘恒是西汉的第五位皇帝，他是汉高祖刘邦的第四个儿子。

刘邦去世后，他的嫡长子刘盈即位，成为西汉的第二位皇帝。我觉得刘盈是个挺可悲的皇帝，他生活在战乱年代，从小跟着母亲东奔西跑，经常要躲避追兵。据说有一次刘邦被楚兵追得紧，为了逃命，竟直接把刘盈扔下了车，后来有位大臣把刘盈带回去，他才活了下来。刘盈十六岁就当上了皇帝，可实际权力都被母亲吕后牢牢地掌控在手中。吕后心狠手辣，直接把刘邦宠幸的戚夫人弄成了"人彘"，这是一种非常残忍的酷刑，刘盈看到后，都吓傻了，从此就有了心病。害怕啊！自己的母亲如此毒辣，如果自己不听话，后果会怎么样，连想都不敢想！

后来，刘盈年纪轻轻就去世了，看来八成是被吓死的。

西汉第三位、第四位皇帝都是刘盈的儿子，他们即位的年龄就更小了，几岁就被扶上了皇位。这么小的孩子，哪里懂得安邦治国，所以大权还是在吕后手里，皇帝不过是她手中的一枚棋子而已。

吕后弄权乱政，早就引起了朝廷元老的不满，她去世后，大臣们把刘邦的第四个儿子刘恒接了回来，立为皇帝，并把吕后党羽一网打尽。刘恒就是汉文帝，他即位后，厉行节约，励精图治，大力发展农业，让百姓的生活渐渐富裕起来。这下，大汉朝总算稳定下来了，逐渐进入强盛时期。

　　此外，汉文帝还是一位大孝子。元代文人创作的《二十四孝》中，写了二十四个孝子的故事，其中"亲尝汤药"讲的就是汉文帝。母亲生病后，汉文帝不仅每天去看望，就连母亲喝的药，他也总要先尝一尝，看看烫不烫，苦不苦，自己觉得合适了，再给母亲喝。

　　汉文帝去世后，他的儿子刘启继位，史称汉景帝。他们父子统治期间，都采取了薄税劝农、休养生息的政策，使得社会安定、百姓富足、文化发展，开创了西汉前期的太平盛世，被称作"文景之治"。

　　而汉武大帝刘彻，就是汉景帝的儿子。这三位皇帝创造了大汉的兴盛局面。

　　接下来，我们来看《周亚夫军细柳》这篇文章，文中第二段的第二句的断句有争议——"将以下骑送迎"。现在学校课本上的断句是"将

以下 | 骑送迎"，译为："将军以及下属骑着马迎送皇帝。"还有一种断句方式是："将以 | 下骑 | 送迎"，这样断句就可以译为："将士们都下马迎接皇帝。"如果采用后一种断句方法，会与周亚夫军队的作风形成鲜明对比，在对比中人物形象及性格特征也更加突出。

　　同学们要注意，文言文毕竟是古代的文学，有不少作品都有多种翻译方法，我觉得应该多听多看，渐渐地形成自己的见解。

周亚夫军细柳

《史记·绛侯周勃世家》

文帝之后六年，匈奴大入边。乃以宗正刘礼为将军①，军霸上；祝兹侯徐厉为将军，军棘门；以河内守亚夫为将军，军细柳：以备胡。

上自劳军②。至霸上及棘门军，直驰入，将以下骑送迎。已而之细柳军③，军士吏被甲④，锐兵刃⑤，彀弓弩⑥，持满。天子先驱至⑦，不得入。先驱曰："天子且至⑧！"军门都尉曰⑨："将军令曰'军中闻将军令，不闻天子之诏'。"居无何⑩，上至，又不得入。于是上乃使使持节诏将军⑪："吾欲入劳军。"亚夫乃传言开壁门。壁门士吏谓从属车骑曰："将军约，军中不得驱驰。"于是天子乃按辔徐行。至营，将军亚夫持兵揖曰⑫：“介胄之士不拜⑬，请以军礼见。”天子为动⑭，改容式车⑮。使人称谢⑯：“皇帝敬劳将军。”成礼而去。

　　既出军门，群臣皆惊。文帝曰：“嗟呼，此真将军矣！曩者霸上、棘门军⑰，若儿戏耳，其将固可袭而虏也⑱。至于亚夫，可得而犯邪！”称善者久之。

注 释

①宗正：掌管皇族事务的官员。②劳：慰问。③已而：不久。④被：同"披"，穿着。⑤锐兵刃：这里指刀出鞘。⑥彀：张开。弩：用机械发箭的弓。⑦先驱：先行引导的人员。⑧且：将要。⑨军门都尉：守卫军营的将官，职位低于将军。⑩居：经过，表示相隔一段时间。无何：不久。⑪节：符节，皇帝派遣使者或调动军队的凭证。⑫揖：拱手行礼。⑬介胄：铠甲和头盔，这里用作动词，指披甲戴盔。士：将领。⑭为动：被感动。⑮式：同"轼"，车前横木。这里用作动词，指扶轼。⑯称谢：向人致意，表示问候。⑰曩：先前。⑱固：必，一定。

译 文

汉文帝后元六年，匈奴大规模侵入汉朝边境。于是，朝廷委派宗正官刘礼为将军，驻军霸上；祝兹侯徐厉为将军，驻军棘门；委派河内郡太守周亚夫为将军，驻军细柳：以防备匈奴侵扰。

皇上亲自去慰劳军队。到了霸上和棘门的军营，长驱直入，将军及其属下都骑着马迎送。随即来到了细柳军营，只见官兵都披戴盔甲，刀剑出鞘，开弓搭箭，弓拉满弦。皇上的先行卫队到了营前，不准进入。先行的卫队说："皇上即将驾到！"镇守军营的将官回答："将军有令：'军中只听从将军的命令，不听从天子的诏令。'"过了不久，皇上驾到，也不让入军营。于是皇上就派使者拿符节去告诉将军："我要进营慰劳军队。"周亚夫这才传令打开军营大门。守卫营门的官兵对跟从皇上的武官说："将军规定，军营中不准纵马奔驰。"于是皇上只好拉住缰绳，让马慢慢行走。到了大营，将军周亚夫手持兵器，拱手行礼说："我身着铠甲，不便跪拜，请允许我以军礼参见。"皇上为之动容，马上神情严肃，扶着车前横木俯下身子。派人致意说："皇帝敬重地慰劳将军。"劳军礼仪完毕后辞去。

出了细柳军营的大门，许多大臣都深感惊诧。文帝说："啊！这才是真正的将军。刚才霸上、棘门的军营，简直就像儿戏，那里的将军是完全可以通过偷袭而俘虏的。至于周亚夫，岂是能够侵犯他的呢！"长时间对周亚夫赞叹不已。

史记·孔子世家赞

●知识点

《史记》是中国第一部纪传体通史，记载了上自黄帝下至汉武帝太初年间，前后三千多年的历史。

纪传体是一种以为人物立传记的方式记叙史实的史书形式，由司马迁首创（在《史记》之前，中国所有的史书，不是按年代编排的编年体，就是按国家排列的国别体）。后来，这种编史方法为历代正史所采用，"二十四史"都是依照《史记》体例，以纪传体的形式编撰而成的。从体裁的形式上看，纪传体是本纪、世家、列传、书志、史表、载记和史论等的综合。其中，君王的传记称"纪"，普通人的称"传"，以表格排列历史大事件的叫"表"。

《史记》也是"二十四史"之一，位列"二十四史"之首。《史记》

中有十二本纪、三十世家、七十列传、十表、八书。十二本纪主要记载历代帝王的政绩，但有两位人物例外：一位是项羽，一位是吕后；三十世家主要记载诸侯王的故事，也有两个例外：一个是孔子，一个是陈胜；七十列传记载重要人物的言行事迹，这些人主要是大臣们。还有一篇自序。最后是十表、八书，十表是大事年表，八书记录各种典章制度、音律、历法、天文等。《史记》一共一百三十篇文章。

那么，孔子和陈胜不是诸侯，为什么被列入"世家"呢？这里的"世家"主要指有世代祭祀之庙的人，孔子的后人和学生世代祭祀他，孔庙一直香火不断。

那陈胜为什么也被列入"世家"呢？陈胜，字涉，也被称作陈涉，是秦末农民起义的首领之一，《史记》中记载他的那一篇就叫作《陈涉世家》。陈胜领导的农民起义曾经建立过自己的政权，但是后来和秦朝的一名大将章邯打仗时战败，在逃亡的路上，陈胜被自己的车夫庄贾杀害。陈胜死后，被辗转埋葬在芒砀山。刘邦称帝后，明白自己之所以能够走上这条成王之路，离不开陈胜等早期农民起义者点燃的反秦烈火，于是追封陈胜为"隐王"，派三十户丁役守护陈胜墓，并按王侯待遇年年杀牲祭祀陈胜。因为世代有人祭祀，所以司马迁把他的故事也放在了"世家"中。

同样,项羽和吕后也都不是帝王,司马迁为什么将他俩列入了"本纪"呢?关于这个问题,我先在这里留个小小的悬念,到后面给大家介绍项羽时,我再详细讲解。

《史记》在写作上还有一个特点,就是司马迁加入了自己对每位历史人物的评价,写出了一篇篇"序赞",也叫"论赞",每一篇都以"太史公曰"这四个字开头,通常放在文章的开篇或者结尾。太史公是司马迁的官名,他用官名以自称。虽然这些评价是司马迁的一家之言,但是对于后人更好地了解这些历史人物大有裨益。历来史学家都很重视"太史公曰",《史记》在文学史上也熠熠生辉,和一篇篇饱含深情的"太史公曰"是分不开的。

我们接下来学习的这一篇,是司马迁写在《孔子世家》最后部分的"太史公曰",写出了他个人对孔子的看法。

孔子世家赞

《史记·孔子世家》

太史公曰：《诗》有之："高山仰止，景行行止①。"虽不能至，然心乡往之②。余读孔氏书，想见其为人。适鲁③，观仲尼庙堂、车服、礼器，诸生以时习礼其家，余低回留之④，不能去云。天下君王至于贤人众矣，当时则荣，没则已

yān kǒng zǐ bù yī⑤ chuán shí yú shì xué zhě zōng
焉。孔子布衣⑤，传十余世，学者宗

zhī zì tiān zǐ wáng hóu zhōng guó yán liù yì zhě zhé
之。自天子王侯，中国言六艺者折

zhōng yú fū zǐ⑥ kě wèi zhì shèng yǐ
中于夫子⑥，可谓至圣矣！

注 释

①高山仰止，景行行止：出自《诗经·小雅·车辇（xiá）》。高山，比喻高尚的德行。仰，敬慕。景行，大道，比喻行为正大光明。行，这里是效法的意思。止，通"只"，句末语气词。②乡：通"向"，倾向，向往。③适：往。④低回：流连，盘桓。⑤布衣：平民，老百姓。古代平民穿麻布衣服，所以"布衣"就成为平民的代称。⑥六艺：指六经，即《诗》《书》《礼》《易》《乐》《春秋》。折中：调和，取证，判断。

译 文

太史公说:《诗经》有这样的话:"像山岳那样高尚的品德让人景仰,像大道那样光明的行为会吸引人遵从。"尽管我达不到这样的境界,但内心非常向往。我读了孔子的著作,可以想象出他为人处世的风范。我到过鲁地,参观过孔子的庙堂、车子、衣帽、礼器等,看见众多儒生按时到孔子的故居演习礼仪,我在那里徘徊流连,久久不愿离去。天下的君王以至于各代贤人,实在是太多了,但他们大都是生前荣耀一时,一死就埋没无闻了。孔子身为平民,学说却流传了十多代,读书人至今把他奉为宗师。上起天子王侯,中原凡是讲习六经的人,都要以孔夫子的学说为标准,孔子真可以算得上是至高无上的圣人了!

史记·完璧归赵

●**知识点**

《完璧归赵》的故事出自《史记·廉颇蔺相如列传》。故事涉及四位主要人物，分别是赵国的赵惠文王、秦国的秦昭王、赵国的太监总管缪贤，还有缪贤的门客蔺相如。

这个故事我相信大家都很熟悉，蔺相如的机智勇敢，传颂千古。不过很多人忘记了，再好的千里马也需要伯乐啊。蔺相如在出使秦国之前，不过是缪贤家里的一个门客，由于缪贤的倾力举荐，他才有了展示才华的机会。

这到底是怎么一回事儿呢？

前面找也讲过，"沙丘之变"之后，赵惠文王彻底掌握了实权，成了诸侯王中的"大咖"。但是赵国再强大，与秦国相比，实力还是相差很大的。

有一次，赵惠文王得到了一个宝贝——和氏璧，爱不释手。没想到，秦国的秦昭王很快就听说了这件事，他马上就派人给赵王送来一封书信，表示愿意用十五座城池交换和氏璧。

赵惠文王和大臣们商量：即使把和氏璧给了秦国，恐怕也不可能得到秦国的城池，白白地受到欺骗；如果不给，又怕秦国派兵来攻打。纠结半天，也拿不定主意。想找一个合适的人到秦国去回复这事，一时又找不到——这个人既要有勇还要有谋，哪里有这么合适的人啊？

正在着急的时候，太监总管缪贤说："我的门客蔺相如可以出使秦国。"

赵惠文王赶紧问："你怎么知道他可以胜任呢？"

缪贤回答说："微臣曾犯过罪，私下打算逃亡到燕国去，我的门客蔺相如劝阻了我。"缪贤真是拼了，为了举荐蔺相如，把自己当年犯错误的事都和盘托出了。

接着，缪贤讲了蔺相如劝阻他逃亡燕国的理由。从这些理由中，我们可以清楚地感知到蔺相如高超的智慧和准确的判断力。

当蔺相如听说缪贤想投奔燕国，就问他："您怎么知道燕王会收留您呢？"

缪贤回答："我曾随从赵王在国境上与燕王会见，燕王私下握住我的手，说很想和我交个朋友。由此我知道燕王会收留我，所以我打算去投奔他。"

蔺相如说："您知道燕王当时为什么私下和您说话吗？因为赵国强，燕国弱，而您受宠于赵王，所以燕王想要和您结交。但现在您是从赵国逃亡到燕国去，燕国惧怕赵国，在这种情况下燕王必定不敢收留您，还会把您捆绑起来送回赵国。您不如脱掉上衣，露出肩背，背着斧子去向大王请罪，这样说不定还能侥幸得到赦免。"缪贤听了蔺相如的建议，果然获得了赵王的原谅。这事让缪贤对蔺相如刮目相看，认为他足智多谋，于是推荐他出使秦国。

赵惠文王立刻接见了蔺相如，发现这个人确实很有智慧，立刻派他带着和氏璧出使秦国。

就这样，蔺相如开始登上了赵国的政治舞台。

今天我们节选的这一段，就从蔺相如出使秦国讲起，一直到他安全回到赵国结束。司马迁用了大量笔墨，讲述了蔺相如在秦国发生的一段"有惊无险"的故事，描写了蔺相如的沉着冷静、有胆有识，从此《完璧归赵》这个故事家喻户晓。

完璧归赵

《史记·廉颇蔺相如列传》

qín wáng zuò zhāng tái jiàn xiàng rú　　xiàng rú fèng
秦 王 坐 章 台 见 相 如 ①。 相 如 奉

bì zòu qín wáng　　qín wáng dà xǐ　chuán yǐ shì měi
璧 奏 秦 王 ②。 秦 王 大 喜， 传 以 示 美

rén jí zuǒ yòu　　zuǒ yòu jiē hū　　wàn suì　　xiàng rú
人 及 左 右， 左 右 皆 呼 "万 岁"。 相 如

shì qín wáng wú　yì cháng zhào chéng　　nǎi qián yuē　　bì
视 秦 王 无 意 偿 赵 城， 乃 前 曰： "璧

yǒu xiá　　　qǐng zhǐ shì wáng　　wáng shòu bì　　xiàng
有 瑕 ③， 请 指 示 王。" 王 授 璧， 相

rú yīn chí bì què lì　　　yǐ zhù　　nù fà shàng chōng
如 因 持 璧 却 立 ④， 倚 柱， 怒 发 上 冲

guān　　wèi qín wáng yuē　　　dà wáng yù dé bì　　shǐ
冠， 谓 秦 王 曰： "大 王 欲 得 璧， 使

人发书至赵王，赵王悉召群臣议，皆曰：'秦贪，负其强⑤，以空言求璧，偿城恐不可得。'议不欲予秦璧。臣以为布衣之交尚不相欺，况大国乎？且以一璧之故逆强秦之欢⑥，不可。于是赵王乃斋戒五日⑦，使臣奉璧，拜送书于庭⑧。何者？严大国之威以修敬也⑨。今臣至，大王见臣列观⑩，礼节甚倨⑪，得璧，

传之美人，以戏弄臣。臣观大王
无意偿赵王城邑，故臣复取璧。
大王必欲急臣⑫，臣头今与璧俱碎
于柱矣！

相如持其璧睨柱，欲以击柱。
秦王恐其破璧，乃辞谢⑬，固请，
召有司案图⑭，指从此以往十五都
予赵。

注 释

①章台：秦宫名。②奏：呈献，进献。③瑕：玉上的斑点、疵病。④却：退，这里指后退几步。⑤负：凭借，倚仗。⑥逆：违背、触犯。欢：欢心。⑦斋戒：古人在祭祀或行大礼前，洁身清心，以示虔诚。⑧书：国书。庭：通"廷"。⑨严：用作动词，尊重。修敬：整饰礼仪表示敬意。⑩列观：一般的宫殿，这里指章台。观，宫廷中高大华丽的楼台。⑪倨：傲慢。⑫急：这里是逼迫的意思。⑬辞谢：婉言道歉。⑭有司：官吏的通称。古代设官分职，各有专司，所以称官吏为"有司"。案：通"按"，审察、察看。

译 文

秦王坐在章台上接见蔺相如。相如捧璧呈献给秦王。秦王非常高兴，把宝璧传着给宫中妃嫔和左右侍从看，左右都高呼"万岁"。相如看出秦王没有用城邑抵偿赵国的意思，便走上前去说："璧上有个小瑕疵，请让我指给大王看。"秦王把璧交给他，相如于是手持璧玉退后几步，靠在柱子上，怒发冲冠，对秦王说："大王想得到宝璧，派人送信给赵王，赵王召集全体大臣商议，大家都说：'秦国贪得无厌，倚仗它的强大，想用空话得到宝璧，说给我们城邑恐怕不能实现。'商议的结果是不想把宝璧给秦国。但是我认为平民百姓之间的交往尚且互相不欺骗，更何况是大国之间呢！况且为了一块璧玉就使强大的秦国不高兴，也是不应该的。于是赵王斋戒了五天，派我捧着宝璧，在殿堂上恭敬地拜送国书。为什么要这样呢？是尊重大国的威望以表示敬意呀。如今我来到贵国，大王不在正殿却在很普通的章台上接见我，礼节十分傲慢，得到宝璧后，递给妃嫔们传看，以此来戏弄我。我观察大王没有给赵王十五城的诚意，所以我又取回宝璧。大王如果一定要逼我，我的头今天就同宝璧一起在柱子上撞碎！"

相如手持宝璧，斜视庭柱，就要向庭柱上撞去。秦王怕他把宝璧撞碎，便向他道歉，坚决请求他不要如此，并召来有司察看地图，指明从某地到某地的十五座城邑都给赵国。

相如度秦王特以诈伴为予赵城①，实不可得，乃谓秦王曰："和氏璧，天下所共传宝也。赵王恐，不敢不献。赵王送璧时斋戒五日。今大王亦宜斋戒五日，设九宾于廷②，臣乃敢上璧。"秦王度之，终不可强夺，遂许斋五日，舍相如广成传③。

相如度秦王虽斋，决负约不

cháng chéng
偿 城 ④，

nǎi shǐ qí cóng zhě yì hè
乃 使 其 从 者 衣 褐 ⑤，

huái qí
怀 其

bì
璧，

cóng jìng dào wáng
从 径 道 亡，

guī bì yú zhào
归 璧 于 赵 。

注 释

①特：只，不过。佯为：装作。②九宾：由傧者九人依次传呼接引宾客上殿，是古代外交最隆重的礼节。③舍：动词，安置住宿。传：驿舍，客舍。④决：必定。⑤衣褐：穿着粗布衣服，意思是化装成百姓。

译 文

蔺相如估计秦王只不过用欺诈手段假装给赵国城邑，实际上赵国根本不可能得到，于是就对秦王说："和氏璧是天下公认的宝物，赵王惧怕贵国，不敢不献出来。赵王送璧之前，斋戒了五天。如今大王也应斋戒五天，在殿堂上安排九宾大典，我才敢献上宝璧。"秦王估量，毕竟不可能以强力夺取，于是就答应斋戒五天，把相如安置在广成驿舍。

相如估计秦王虽然答应斋戒，也必定背约不给城邑，便派他的随从穿上粗麻布衣服，怀中藏好宝璧，从小路逃出，把和氏璧送回赵国。

秦王斋五日后，乃设九宾礼于廷，引赵使者蔺相如①。相如至，谓秦王曰："秦自缪公以来二十余君②，未尝有坚明约束者也③。臣诚恐见欺于王而负赵，故令人持璧归，间至赵矣④。且秦强而赵弱，大王遣一介之使至赵⑤，赵立奉璧

来。今以秦之强而先割十五都予赵,

赵岂敢留璧而得罪于大王乎?臣知

欺大王之罪当诛,臣请就汤镬⑥。

唯大王与群臣孰计议之⑦。"

秦王与群臣相视而嘻。左右

或欲引相如去⑧,秦王因曰⑨:"今

杀相如,终不能得璧也,而绝秦赵

之欢。不如因而厚遇之,使归赵。赵

王岂以一璧之故欺秦邪?"卒廷见

xiàng rú bì lǐ ér guī zhī
相 如⑩，毕 礼 而 归 之 。

xiàng rú jì guī zhào wáng yǐ wéi xián dà fū
相 如 既 归， 赵 王 以 为 贤 大 夫，

shǐ bù rǔ yú zhū hóu bài xiàng rú wéi shàng dà fū
使 不 辱 于 诸 侯， 拜 相 如 为 上 大 夫 。

qín yì bù yǐ chéng yǔ zhào zhào yì zhōng bù yǔ
秦 亦 不 以 城 予 赵， 赵 亦 终 不 予

qín bì
秦 璧 。

注 释

①引：延请。②缪：通"穆"。③坚明约束：坚守契约。④间：从小路走。⑤一介之使：一个使臣。⑥汤镬：古代的一种酷刑，用滚水烹煮。镬，古代的一种大锅。⑦唯：通常用在句首，表示希望的语气。孰：通"熟"，仔细。⑧引：牵、拉。⑨因：由此，趁此。⑩卒：终于。

译 文

秦王斋戒五天后，就在殿堂上安排了九宾的大典礼，宴请赵国使者蔺相如。相如来到后，对秦王说："秦国从穆公以来的二十余位君主，从没有一个是能切实遵守信约的。我实在是害怕被大王欺骗而对不起赵王，所以派人带着宝璧回去，已从小路回到赵国了。况且秦国强大赵国弱小，大王派遣一位使臣到赵国，赵国立即就会把璧送来。如今凭着秦国的强大，先把十五座城邑割让给赵国，赵国哪里敢留下宝璧而得罪大王呢？我知道欺骗大王是应该被诛杀的，我愿意接受汤镬之刑，只希望大王和各位大臣从长计议此事。"

秦王和群臣面面相觑，发出强笑之声。侍从有人要拉相如去受刑，秦王趁机说："如今杀了相如，终归还是得不到宝璧，反而破坏了秦赵两国的交情，不如趁此好好款待他，放他回到赵国。赵王难道会为了一块璧玉而欺骗秦国吗？"最终秦王还是在殿堂上隆重地接见了相如，大礼完后让相如回了国。

相如回国后，赵王认为他是一位有德行、有才能的贤大夫，出使诸侯国，能做到不被诸侯国欺辱，于是封相如为上大夫。

此后秦国并没有把城邑给赵国，赵国也始终不给秦国宝璧。

史记·渑池之会

●知识点

前面我们讲了，蔺相如出使秦国，不仅成功带回了和氏璧，自己还能全身而退，真不是一般人。回到赵国，赵惠文王封他为上大夫。在先秦的诸侯国中，国君之下有卿、大夫、士三级。"完璧归赵"之后，蔺相如就已经位列大夫了，后面又经历了"渑池之会"，蔺相如直接被封为"卿"，这是诸侯能给臣子的最高级别了。

正是因为蔺相如官位上升很快，老将廉颇心里不平衡，才有了《负荆请罪》的故事。

渑池在今天河南省三门峡市渑池县西。公元前279年，秦昭王约赵惠文王在渑池见面。在这之前，秦国已经攻打赵国好几次了，赵国一直失利，所以赵惠文王心里是有些惧怕秦昭王的。

秦王为什么要面见赵王呢？史书记载是因为秦国准备伐楚，怕分散精力，所以想先安抚一下赵国。赵惠文王本不想去，但是廉颇和蔺相如等人都觉得输人不输阵，必须去。如果不去，就越发显得赵国弱小怯懦，以后秦国就更加欺负赵国了。不过，谁也不知道这场会面的结果将如何，所以在出发之前，赵国人已经做好了最坏的打算，廉颇甚至说："如果大王三十天还没回来，就请您允许我们立太子为王，以断绝秦国扣留您当人质要挟的妄想。"

后来"渑池之会"幸亏有蔺相如，他智慧地化解了现场尴尬的气氛，让赵国赢回了面子。

我看了不少关于赵惠文王的资料，总体来说，他还是一个能干的君王。不过，在这篇文章中，他似乎显得有些懦弱。我想，司马迁是特地采用对比的手法，通过把两位大臣与赵惠文王两相对照，以更好地展现廉颇的处事果断、顾全大局以及蔺相如智勇双全、将个人安危置之度外的精神吧。

原　典

渑池之会

《史记·廉颇蔺相如列传》

其后秦伐赵，拔石城①。明年
复攻赵，杀二万人。秦王使使者告
赵王，欲与王为好，会于西河外渑
池②。赵王畏秦，欲毋行③。廉颇蔺
相如计曰："王不行，示赵弱且怯
也。"赵王遂行，相如从。廉颇送
至境，与王诀曰："王行，度道里会

155

遇之礼毕，还，不过三十日。三十日
不还，则请立太子为王，以绝秦望。"
王许之，遂与秦王会渑池。

秦王饮酒酣，曰："寡人窃闻
赵王好音，请奏瑟④。"赵王鼓瑟。
秦御史前书曰⑤："某年月日，秦王
与赵王会饮，令赵王鼓瑟。"蔺相
如前曰："赵王窃闻秦王善为秦
声，请奉盆缶秦王⑥，以相娱乐。"

秦王怒，不许。于是相如前进缶，

因跪请秦王。秦王不肯击缶。相如

曰："五步之内，相如请得以颈血溅

大王矣！"左右欲刃相如⑦，相如

张目叱之，左右皆靡⑧。于是秦王

不怿⑨，为一击缶。相如顾召赵御史

书曰⑩："某年月日，秦王为赵王

击缶。"秦之群臣曰："请以赵十五

城为秦王寿⑪。"蔺相如亦曰："请

以秦之咸阳为赵王寿。"

秦王竟酒⑫，终不能加胜于赵。赵亦盛设兵以待秦⑬，秦不敢动。

既罢，归国，以相如功大，拜为上卿，位在廉颇之右⑭。

注 释

①拔：攻下。石城：地名，在今河南林州西南。②西河：秦晋之间的一段黄河，古称"西河"。渑池在西河以东，所以称为"西河外"。③毋：不。④瑟：乐器名，形状像琴。⑤御史：战国时的

史官。⑥奉：进献。盆缶：盛酒的瓦器，秦人敲击作为唱歌的节拍。⑦刃：动词，杀。⑧靡：退却。⑨怿：高兴，喜悦。⑩顾：回头。⑪寿：动词，向人进酒或献礼。⑫竟酒：酒筵完毕。⑬盛：多。⑭右：上。秦汉以前，以右为尊。

译 文

此后秦国攻打赵国，夺取了石城。第二年，秦国再次攻打赵国，杀死两万人。秦王派使者告诉赵王，想在西河外的渑池与赵王进行一次友好会见。赵王害怕秦国，打算不去。廉颇、蔺相如商量道："大王如果不去，就显得赵国既软弱又胆小。"赵王于是前去赴会，蔺相如随行。廉颇送到边境，和赵王诀别说："大王此行，估计路程和会谈结束，再加上返回的时间，不会超过三十天。如果三十天还没回来，就请您允许我们立太子为王，以断绝秦国要挟的妄想。"赵王答应了，便去渑池与秦王会见。

秦王饮到酒兴正浓时，说："我私下里听说赵王爱好音乐，请您奏瑟一曲！"赵王就弹起瑟来。秦国的史官上前来写道："某年某月某日，秦王与赵王一起饮酒，令赵王弹瑟。"蔺相如上前说："赵王私下里听说秦王擅长秦地土乐，请让我给秦王捧上盆，相互为乐。"秦王发怒，不答应。这时蔺相如向前进献瓦缶，并跪下请秦王演奏。秦王不肯击缶，蔺相如说："在这五步之内，如果我自杀，脖颈里的血可以溅在大王身上了！"秦王的侍从们想要杀蔺相如，蔺相如睁圆双眼大声斥骂他们，侍从们都吓得倒退。因此秦王很不高兴，也只好敲了一下缶。相如回头来招呼赵国史官写道："某年某月某日，秦王为赵王击缶。"秦国的大臣们说："请你们用赵国的十五座城池向秦王献礼。"蔺相如也说："请你们用秦国的咸阳向赵王献礼。"

直到酒宴结束，秦王始终也未能压倒赵王。赵国也部署了大批军队来防备秦国，因而秦国也不敢轻举妄动。

渑池会结束以后回到赵国，蔺相如由于功劳大，被封为上卿，官位在廉颇之上。

史记·负荆请罪

《负荆请罪》的故事大家一定都听说过，在这个故事中廉颇终于当了一次主角。

我小时候学这篇课文的时候，书上配了一幅图——一个白胡子老头背着荆条半跪着向一个中年人道歉，于是我一直以为，廉颇"负荆请罪"时年龄已经很大了。后来我才发现，这幅图画得不对，根据历史记载推测，当时廉颇也就三十岁出头，他后来还帮着赵国打了几十年仗呢！

把年轻的廉颇画成一个老头，我估计画画的人是受了《永遇乐·京口北固亭怀古》的影响。这首词是南宋词人辛弃疾写的，最后一句是："凭谁问：廉颇老矣，尚能饭否？"写这首词的时候，正是辛弃疾最不得志的时候，他觉得自己就像老年的廉颇，被人陷害，远走他乡，胸怀大志却报国无门。

但是要知道，从"负荆请罪"到廉颇无奈逃到魏国再到楚国，中间相差四十多年的时间，所以推算来推算去，他背着荆条去见蔺相如时最多也就三十来岁。

廉颇是"战国四大名将"之一，但是关于他的生卒年月和家庭出身，史书上都没有明确记载。历史第一次记载他的威名，是在公元前283年。当时，廉颇率领赵军征讨齐国，大败齐军，因为这次战功，廉颇被赵惠文王封为"卿"。此时，蔺相如还在缪贤家里做门客，他们俩的身份、地位悬殊，可以说一个在天上，一个在地上。

可那之后没两年，凭借"完璧归赵"和"渑池之会"，蔺相如就一跃成为可以和廉颇平起平坐的人了，官位甚至还在廉颇之上。这就使得廉颇心里不平衡了，总想找机会好好羞辱蔺相如一番。最后的结果大家都知道了，有一天，廉颇终于意识到自己的心胸有问题，于是有了《负荆请罪》的故事。廉颇一生经历了三代赵王，他是被赵惠文王启用的，并且在这一朝成了重臣；赵惠文王去世后，儿子赵孝成王即位，继续重用廉颇。中间发生了著名的"长平之战"。"长平之战"是秦国攻打赵国的一次战役，起初，赵国的总指挥是廉颇。廉颇根据战情，果断决定建设堡垒，做好防守，拖垮秦国。这样苦守了三年，眼看着就快有成果了，秦国使用了反间计，让赵王认为廉颇是害怕秦军，才不敢出来打。于是赵王不听劝阻，强行换上了"纸上谈兵"的主角——赵括担任总指挥。赵括一来，立刻否定了廉颇的所有策略，和秦国面对面地打了起来。这也正是秦国最想要的局面，他们不怕打，怕拖。最终，赵国惨败，秦国名将白起下令杀了赵国四十多万士兵，真是太惨了。这之后，赵孝成王终于明白了廉颇的重要性，所以后面几次重要的战役，依然是廉颇做总指挥，廉颇再立战功后，被封为国相。

后来，赵孝成王去世，赵悼襄王上台，廉颇的日子就不太好过了。他一上台，就解除了廉颇的职务，转而任用了自己的心腹。廉颇很失望，于是离开赵国投奔了魏国，不过，他在魏国也没有受到重用。

赵悼襄王赶走廉颇后，赵国的情况很糟糕，多次被秦军围困，无奈之下，赵王想重新起用廉颇，因为廉颇不仅战功卓著，而且在战士们心中也极有威望。赵王派使者带着几匹快马和一副名贵的盔甲去慰问廉颇，而廉颇心里也一直挂念着自己的祖国，希望能有机会再次报效国家。他当着使者的面吃了很多肉，还很英武地披甲上马展示了一圈。那个时候，廉颇已经七十多岁了，但是身体素质依然相当不错。

遗憾的是，廉颇最终还是没能回到赵国，因为这个使者已经被廉颇的仇家收买了。使者回去后，和赵王说："廉将军虽老，尚善饭，然与臣坐，顷之三遗矢矣。"什么意思呢，就是说廉将军已经老了，虽然还能吃饭，可是和我坐在一起不多时，他就去了好几次厕所。赵王一听，这是廉颇身体不行了啊，于是就没有请他回来。

廉颇失望至极，漂泊到楚国。楚王对他不错，可是他心里一直挂念赵国，抑郁而终。

回望廉颇将军的一生，参加过的大小战役无数，以胜为主；做人做事光明磊落，坦坦荡荡，让后人心生敬佩。

负荆请罪

《史记·廉颇蔺相如列传》

廉颇曰："我为赵将，有攻城野战之大功，而蔺相如徒以口舌为劳^①，而位居我上。且相如素贱人^②，吾羞，不忍为之下！"宣言曰："我见相如，必辱之。"相如闻，不肯与会。相如每朝时，常称病，不欲与廉颇争列。已而相如出^③，望见廉颇，相如引车避匿。

于是舍人相与谏曰④："臣所以
去亲戚而事君者，徒慕君之高义也⑤。
今君与廉颇同列，廉君宣恶言，而
君畏匿之，恐惧殊甚⑥。且庸人尚
羞之⑦，况于将相乎？臣等不肖⑧，
请辞去。"蔺相如固止之，曰："公
之视廉将军孰与秦王⑨？"曰："不
若也。"相如曰："夫以秦王之威，

而相如廷叱之，辱其群臣。相如虽

驽⑩，独畏廉将军哉？顾吾念之⑪，

强秦之所以不敢加兵于赵者，徒以

吾两人在也。今两虎共斗，其势不

俱生。吾所以为此者，以先国家之

急而后私仇也。"

廉颇闻之，肉袒负荆⑫，因宾

客至蔺相如门谢罪⑬。曰："鄙贱之

人，不知将军宽之至此也⑭。"

zú xiāng yǔ huān   wéi wěn jǐng zhī jiāo
卒 相 与 欢 ， 为 刎 颈 之 交 。

注 释

①徒：只、不过。口舌：言语。②素：向来、本来。③已而：
过了些时候。④相与：一齐，共同。⑤高义：高尚的品德。
⑥殊甚：太过分。⑦羞：意动用法，以……为羞。⑧不肖：不才。
⑨孰与：比……怎么样。⑩驽：愚劣，无能。⑪顾：只是，不过。
⑫负荆：背着荆条，表示愿受责罚。这是向对方请罪的一种方式。
⑬因：通过、经由。宾客：指门客。⑭将军：指蔺相如。春秋时诸
侯以卿统军，因此卿统称"将军"。战国时"将军"开始作为武官
名，而卿仍有"将军"之称。

译 文

廉颇说："作为赵国的将军，我有攻占城池作战的大功劳，而蔺
相如只不过靠能说会道立了点功，可是他的地位却在我之上。况且

蔺相如本来就出身卑贱，我感到羞耻，无法容忍在他的下面！"并且扬言说："我遇见蔺相如，一定要羞辱他一番。"蔺相如听到这话后，不愿意和廉颇相会。每到上朝时，蔺相如常常称病，不愿和廉颇去争位次的先后。没过多久，蔺相如外出，远远看到廉颇，就掉转车子回避。

于是蔺相如的门客就一起来向蔺相如抗议说："我们之所以离开亲人来侍奉您，只是仰慕您高尚的节义呀。如今您与廉颇官位相同，廉颇传出坏话，而您却害怕躲避着他，胆怯得也太过分了。一般人尚且感到羞耻，更何况是身为将相的人呢？我们这些人没有出息，请让我们辞去吧。"蔺相如坚决地挽留他们，说："诸位认为廉将军和秦王相比谁更厉害？"众人都说："廉将军比不上秦王。"蔺相如说："以秦王的威势，而我尚敢在朝廷上呵斥他，羞辱他的群臣，我蔺相如虽然无能，难道会害怕廉将军吗？但是我想到，强大的秦国之所以不敢对赵国用兵，就是因为有我们两人在呀。如今我们俩相斗，就如同两只猛虎争斗一般，势必不能同时生存。我之所以这样忍让，就是将国家的危难放在前面，而将个人的私怨搁在后面罢了。"

廉颇听说了这些话，就脱去上衣，露出上身，背着荆条，由宾客引领，来到蔺相如的门前请罪。他说："我这个粗野卑贱的人，想不到将军的胸怀如此宽大啊。"

二人终于相互交欢和好，成了生死与共的好友。

史记·荆轲刺秦王之易水送别

●知识点

《荆轲刺秦王》的故事中主要涉及三个人物：燕太子丹、刺客荆轲、秦王嬴政。

春秋战国时期，各诸侯国为了互相制约，经常会要求其他国家送人质过来。人质一般是诸侯王的儿子，其作用是保证两个国家不直接交火，毕竟有诸侯王的儿子在中间，能谈判先谈判，避免人质被"撕票"。但是到了战国末期，人质的作用已经不大，各诸侯王都忙着自保，基本顾不上自己在外边的儿子了。

燕太子丹最初在赵国做人质，那个时候他还很小，正好嬴政也是在赵国出生，所以他们是童年的玩伴。太子丹成年之后，又被送到秦国去当人质，而这个时候，嬴政已经是秦王了。太子丹以为嬴政会看在儿时的情分上客气一点儿，可是嬴政似乎早已忘记了旧交，对他很不友好。此时，秦王嬴政已经有了一统天下的想法。燕太子丹看到形势不妙，悄悄逃回燕国。

回到故土，太子丹一直想着去报复秦王，但是直接去攻打肯定不现实，自己只是太子，没有兵权，干着急也没用。后来有人给他推荐了一名叫荆轲的勇士，太子丹的脑海里有了一个大胆的想法——派荆轲去刺杀秦王。

要知道这事有多难：首先，刺客需武艺高强，胆量超人。其次，秦王的防范意识极强，要接近他很难，带着致命武器走近并刺杀他，更是几乎不可能的事情。但是太子丹知道如果不铤而走险一次，燕国就只能等着被秦所灭了。

荆轲本不是燕国人，有传说他是齐国人，但也仅仅是传说。据说荆轲从小喜欢击剑，并且剑术高超。他在燕国的时候十分落魄，经常和屠夫以及会击筑的高渐离一起在街头喝酒唱歌。被太子丹发现之后，荆轲休整了一段时间。太子丹每天都派人给他送来美酒佳肴，就是希望他能享受最好的人生，然后去完成最艰难的任务。

当时有个秦国的将军叫樊於期，打了败仗怕被杀头，从秦国逃到燕国，太子丹收留了他。很多人都劝太子丹别管这事——樊於期是秦国的逃犯，你收留了他，秦王知道后势必会迁怒燕国，到时可能会引起不必要的战争。但是太子丹觉得人家既然投奔我了，我也不能不近人情啊！就这样，樊於期在燕国待了下来。

过了一段时间，荆轲提了个建议：不如拿樊於期的人头去换取秦王的信任，然后趁机行刺。但是太子丹总觉得下不了这个黑手。最终荆轲自己去找樊於期说明情况，樊於期二话没说，凛然自刎。这样，荆轲就有了见秦王的第一件"贡品"。

太子丹得知樊於期自杀了，很是难过，但是也没有办法啊，毕竟还有大事要做。他给荆轲准备了第二件"贡品"—— 一张地图，假意说燕国要给秦国割地。当然还有一件最重要的东西，就是武器。太子丹从赵国弄来的一把匕首，据说是当时最锋利的匕首。荆轲把匕首卷到了地图中，这是把匕首带进秦宫的唯一办法。太子丹还给荆轲派了一个叫秦舞阳的助手，秦舞阳也是个壮士，就是心理素质太差，一到秦国紧张得脸色都变了，还没上殿就被拦住了，最终一点忙都没帮上。

今天我们节选的这一段，描写的就是太子丹及荆轲的朋友们到易水河边为他送行的情景。这一悲壮慷慨的送别场面，无数次出现在后人的文学作品中。

后来荆轲一行终于到了秦国，求见秦王，说要献上樊於期的首级和燕国割地的地图。秦王一听很高兴，就在殿上接见了荆轲。此时秦舞阳已经被拦在了外边，荆轲一人进殿。秦宫殿戒备森严，荆轲终于有机会走近秦王。他先送上一个大盒子，嬴政打开一看，果然是樊於期的人头，很开心。紧接着，荆轲又送上地图，帮着嬴政打开。"图穷匕见"，一把明晃晃的匕首露了出来，说时迟那时快，荆轲举起匕首就刺。

如果荆轲成功了，中国历史就完全改写了。只是秦王嬴政也不是吃素的，立马躲避，并且拔剑回击。可怜的荆轲最终被秦王刺伤大腿，后被赶来的秦卫士杀掉。门外的秦舞阳当然也免不了被杀头，"荆轲刺秦"以失败告终。

嬴政多年南征北战，哪吃过这种亏啊，立马下令攻打燕国。燕王抵抗了一段时间，实在打不过秦军，最终决定杀了太子丹，将其人头送给秦王。他以为这样做秦王就会原谅燕国，没想到嬴政并不领情，继续攻打燕国，最终灭掉了燕国。其实就算没有"荆轲刺秦"的事件，灭掉燕国也在嬴政的计划之中。

公元前 222 年，燕国灭亡。一年之后，秦王嬴政建立了中国历史上第一个统一的中央集权国家——秦朝，自称"始皇帝"。

易水送别

《史记·刺客列传》

太子及宾客知其事者，皆白衣冠以送之。至易水之上，既祖①，取道。高渐离击筑，荆轲和而歌，为变徵之声②，士皆垂泪涕泣。又前而为歌曰："风萧萧兮易水寒，壮士一去兮不复还！"复为羽声慷慨③，士皆瞋目④，发尽上指冠。于是荆轲遂就车而去，终已不顾。

注 释

①祖：祭祀路神，引申为践行和送别。②变徵之声：发出变徵的声音。古时音乐分为宫、商、角、变徵、徵、羽、变宫七调。变徵相当于现在的F调，此调韵味苍凉悲婉。③羽声：相当于现在的A调，此调韵味激昂慷慨。④瞋目：形容发怒时瞪大眼睛的样子。

译 文

太子丹以及宾客中知道这件事的人，都穿着白衣服，戴着白帽子，来给荆轲送行。他们来到了易水河边，祭过了路神，把车子摆在了西去的路上。这时高渐离击筑，荆轲和着筑声引吭高歌，歌声先是用苍凉悲婉的变徵音调，送行的人们听着一个个都流下了眼泪。接着荆轲又进前唱道："风萧萧兮易水寒，壮士一去兮不复还！"随后乐队又把曲调变成了激昂慷慨的羽调，这时在场的人听了都一个个激动得瞪起了眼睛，竖起了头发。荆轲唱罢回身上车扬鞭西驰而去，再也没有回头。

史记·晏子仆御

原　典

晏子为齐相，出，其御之妻从门间而窥其夫①。其夫为相御，拥大盖，策驷马②，意气扬扬，甚自得也。

既而归③，其妻请去。夫问其故，妻曰："晏子长不满六尺，身

相齐国，名显诸侯。今者妾观其
出，志念深矣，常有以自下者。今
子长八尺，乃为人仆御，然子之意
自以为足，妾是以求去也。"其后夫
自抑损④。晏子怪而问之，御以实
对。晏子荐以为大夫。

注释

①御：驾驶马车。这里指赶马车的人。②策：鞭打，鞭策。驷马：拉一辆车的四匹马。③既而：不久。④自抑损：克制自己，保持谦卑。

译 文

晏子在齐国做宰相时，有一回出门，他车夫的妻子从门缝中偷看自己的丈夫。她丈夫为宰相驾车，支着大车盖，鞭打着驾车的四匹马，神气十足，自鸣得意。

不久，车夫回到家里，他的妻子就请求离开他。丈夫问她为什么，妻子说："晏子身高还不够六尺，已经做了齐国的宰相，名声在诸侯当中传扬。今天我看到他出门，他所思虑的已经很深远了，常有那种甘居人下的态度。而你身高八尺，还在给人家做车夫，你却心满意足，我因此要求离开你。"此后车夫就渐渐变得谦卑起来了。晏子感到奇怪，就问车夫是怎么回事，车夫如实告诉了晏子。晏子便荐举他做了大夫。

7

刘邦和项羽
曾经是同事

在秦朝结束之后，西汉开始之前，中间有长达五年的"楚汉之争"。这场争霸的主角，是起初强大但最终四面楚歌的楚霸王项羽，和开始时相对比较弱小却能绝地反击最后一统山河的汉王刘邦。

是的，正是这位项羽眼中的"弱者"，最终一跃成为中国第一个布衣皇帝，开创了大汉王朝，这个反转真是令人惊诧。

其实在"楚汉之争"之前，刘邦和项羽还曾经共事过，也一起打过仗，他们之间的恩恩怨怨到底是如何开始的呢？这还要从当时的局势说起。秦朝末年，秦二世胡亥昏庸无道，宦官赵高弄权干政，实行残暴的统治，最终激起了农民起义。陈胜、吴广在大泽乡首举义旗，点燃了中国历史上第一次大规模的农民起义的烈火，各地民众纷纷响应，揭竿而起。此时，先前被秦始皇灭掉的六国的贵族们也伺机而动，纷纷站出来搞复国运动。在这样的情况之下，秦朝将领们既要征讨起义者，又要攻打复国者，那叫一个手忙脚乱，疲于奔命。秦王朝在灭亡的边缘垂死挣扎。

刘邦出生于公元前256年，比秦始皇小三岁，和秦始皇是同龄人。他从小就不喜欢干农活儿，每天四处游逛，为此经常被父母训斥。长大后，刘邦纵观天下大势，觉得最值得敬佩的人莫过于魏国的信陵君，很想到信陵君门下。谁知刘邦千里迢迢赶到魏国之后，才得知信陵君已经去世了，就投到张耳门下，两人结成知己。等到魏国灭亡，张耳成为秦廷通缉犯，其下门客都散去，刘邦也无处可归。当时的秦朝统治者意识到，流动人口会给社会带来许多的不安定因素，于是出台了一项新法令，要求那些没有固定职业、固定居所的流动人员必须返乡。无奈之下，刘邦只好回到了家乡沛县。

回乡后，刘邦做了两件人生大事。第一，他在县主吏掾（主管人事）萧何的推荐下当了泗水亭亭长，相当于治安队长。别小看这个官职，它让刘邦有机会结交当地官员，为后来打回沛县奠定了良好的基础。第二，他在家乡参加了一次聚餐，认识了当地大户吕公，吕公会看相，认为刘邦有帝王之相，立刻决定把自己的女儿吕雉嫁给他，吕雉就是后来著名的"吕后"。身为泗水亭亭长，刘邦的工作之一，是负责押送刑徒去服劳役。有一次，他为县里押送一批人去骊山修秦始皇陵，途中大部分人都逃走了，这是重大的工作失误，若被官府知道了，刘邦肯定吃不了兜着走。当时陈胜、吴广已经起义，刘邦想，按大秦律法反正回去也是个死，我不如也逃吧。就这样，刘邦一不做二不休，把剩下的人都放了。没想到，有十几个刑徒表示愿意跟着刘邦干，就这样，刘邦组织了自己最初的队伍。

各地百姓纷纷杀死地方长官响应陈胜的宏大气势，吓坏了沛县县令。为了自保，他便想要举兵反秦，加入起义联盟。萧何、曹参建议县令把流亡在外的人员都召集回来，这样可以增强军事力量，其实是想把蛰伏的刘邦明正言顺地召回来。县令同意了。于是，刘邦的老朋友樊哙就与刘邦通消息，领着刘邦回城。眼看刘邦要进城了，县令却突然反悔，因为刘邦手下数百之众让他深感恐惧，生怕自己驾驭不了刘邦，竟下令关闭城门，还准备捉拿萧何、曹参。萧何、曹参被逼无奈，只得跑到城外与刘邦会合，从此，他们开始了征战生涯。刘邦、萧何、曹参、樊哙再也没有分开，他们用热血书写了"大汉建国史"。

说到这里就要夸夸刘邦的情商了，他低调、大度又知人善任，能够审时度势，把自己的位置放得很低。因此，他身边的人愿意一直跟着他，不离不弃。虽然刘邦有很多缺点，但这份高情商正是他在楚汉争霸战中取胜的最大筹码，也是他个人本事和能力的一种体现。反观项羽，则与刘邦完全不同。项羽出身贵族，他的祖父项燕是楚国名将，虽说到项羽这一代已经没落了，但烂船还有三斤钉，比布衣出身的刘邦还是强得多。而且项羽天生神勇，力大如牛，是个很有英雄气概的人。但项羽和刘邦有着完全不同的性格，他有点孩子气，比较自负，做事好冲动，缺乏耐心，又容易轻敌，不肯听取别人的意见。可以说，正是性格上的这些致命缺陷，最终导致了项羽"四面楚歌"。

最初，项羽在叔叔项梁的带领下在江苏一带起兵，军队很快就发展至近万人。等到刘邦起义之时，他们早已是起义大军中的一支重要力量了。刘邦先攻下了沛县，又夺下了旁边的丰邑，然后把丰邑交给他的好朋友雍齿去守。没想到，雍齿很快就背叛了刘邦，将丰邑占为己有，与刘邦对着干。看到自己人"窝里反"，刘邦气坏了，立刻回军攻打雍齿，但打了好几次都没有成功。后来，刘邦听说项梁在附近，就去拜见项梁，请求项梁出兵帮忙。项梁出兵五千，帮助刘邦打败了雍齿，报了"背叛之仇"。

当时刘邦的实力还很弱小，于是他决定投奔项梁。正巧在这个时候，传来了陈胜兵败身死、"张楚政权"土崩瓦解的消息。于是，项梁做出了一个重量级的决定，立战国时期楚怀王的孙子熊心为王，仍号"楚怀王"。

有了新楚王，大家仿佛有了主心骨。当时刘邦、项羽都是楚怀王手下的大将，他们曾经互相配合，一起反秦。你可以这样理解，那些日子，他们就像供职于一个公司的同事，这个公司的总经理是项梁，董事长是楚怀王熊心。

后来，在一次与秦军的战役中，项梁因为骄傲轻敌战死沙场。这件事对义军的打击很大，很多人认为秦军坚不可摧、难以战胜。这时秦朝将领章邯觉得楚国已经不值得担心了，于是将主攻目标锁定为北面的赵国。前面我写到，在秦朝末年，当年被秦灭掉的诸侯国贵族们纷纷趁机复国，而秦军就像"按下葫芦浮起了瓢"，这边刚把起义军制服，那边诸侯国又打过来了。秦朝是瘦死的骆驼比马大，将领们一个个都还很能打。很快，秦将章邯就把赵军给打败了，将赵王困于巨鹿地区（今河北邢台市中部）。在这个紧急时刻，赵王派使者向楚国求救，于是楚怀王制定了分兵攻秦的战略，确定了两项任务，派项羽和刘邦分别出兵：项羽跟着上将军宋义北上救赵，刘邦西入关中攻秦。为了鼓励更多的能人入关灭秦，楚怀王还与项羽、刘邦等各路反秦将领约定："先入定关中者王之。"意思就是，谁能够先进入函谷关并且安定关中，谁就是关中王。

于是刘邦一路向西，项羽一路向北，两个同事从此分道扬镳。他们再见面的时候，就是鸿门之宴了。

史记·巨鹿之战

●**知识点**

　　秦国大将章邯（音 hán）所向披靡，先是杀死了楚国将领项梁，接着又掉头攻打赵国。赵国军队被打得七零八落，赵王歇不得不放弃都城逃到了巨鹿。章邯一看巨鹿的粮草数量，知道赵王坚持不了多久，打算把赵王困死在巨鹿。他计划灭亡了赵国，再去慢慢收拾其他反秦队伍。

　　被困在巨鹿的赵王歇向各地诸侯王求救，一时间，多地义军从四面八方向巨鹿围拢而来。大家心里都很清楚，赵国有难，必须帮忙，要不然秦国有可能又会像当年"灭六国"那样，采取各个击破的方针，回头自己也没有好果子吃。帮助赵国，让这支反秦力量存活下来，未来对秦国也是个制约。

　　但是，章邯打仗实在太厉害了，魏国派出的五千兵马瞬间就被秦军消灭殆尽了。看到章邯横扫陈胜、项梁等义军顶级高手，谁也不敢和他死磕——现在往前冲，就是白白送死啊！况且各诸侯国之间本来就有不少矛盾，现在也没有一个能真正统领全局的人，所以大家谁都不敢上前，只在远处驻足观望。

这个时候，一个"生瓜蛋儿"出现了。他二十出头，血气方刚，一路向北冲了过来。对，他就是项羽。

当初项羽出发的时候，楚怀王是任命宋义为上将军（正统帅），项羽只是"二把手"。但是宋义到了安阳附近就一直按兵不动，逗留四十六天不前进，还在军中饮酒作乐。宋义想的是等秦军与赵军两败俱伤之后再出手，坐收渔翁之利。但项羽胸中一直有一团火，要去和秦军拼一把：一来为自己的叔叔项梁报仇；二来这也是展示他军事才能的绝好机会。由于项羽太年轻了，很多人觉得他不过是个毛头小伙子。看到宋义如此贻误军机，项羽心急如焚。一天清晨，项羽直接冲到宋义大营中，质问完他为何不出兵，之后一怒之下将其杀死。然后项羽继续发扬他的"生瓜蛋儿"精神，提着宋义的人头对大家说："宋义想谋反，楚怀王密令我处死他。"大家一看这情况，谁也不敢说话，于是推举项羽为代理上将军。

楚怀王很快就听说了这件事，他想正值天下大乱，如果给项羽治罪，谁来带兵打仗呢，还不如顺水推舟送个人情，正式任命项羽为上将军。楚怀王不但接受了这件事，还给项羽增加了兵力。

这下，项羽有了"尚方宝剑"。他立马率兵渡河去援救赵国，这才有了后来惊心动魄的巨鹿之战。

项羽在渡河救赵之前，还做了一件事——破釜沉舟。"釜"是古代一种煮饭用的锅。为了让战士们一鼓作气，决一死战，项羽要求大家把锅碗全部砸破，把军营全部烧毁，把过河的船只都凿碎弄沉，以示毫无畏惧退缩之心。

巨鹿之战的最终结果，是项羽带领的楚军以少胜多，大败秦军。项羽以智慧和勇气赢得了大家的尊重，各路诸侯将领来见项羽的时候，都是跪在地上，用膝盖挪着进来的，谁也不敢抬头看他。从此，项羽成了诸侯们共同的上将军，各路诸侯都归项羽统辖。

项羽获得了至高无上的荣誉，这一年，他才二十五岁。

《史记》中关于巨鹿之战的记载十分经典。由于这段描写实在太精彩了，甚至有史学家认为，司马迁内心对项羽的偏爱，是远远多于刘邦的。

原　典

巨鹿之战

《史记·项羽本纪》

项羽已杀卿子冠军^①，威震楚国，名闻诸侯。乃遣当阳君、蒲将军将卒二万渡河^②，救巨鹿。战少利，陈馀复请兵^③。项羽乃悉引兵渡河，皆沉船，破釜甑^④，烧庐舍^⑤，持三日粮，以示士卒必死，无一还心。于是至则围王离^⑥，与秦军遇，九战，绝其甬道⑦，大破之，杀苏角，虏王离。涉间不降楚，自烧杀。当是时，楚兵冠诸侯。诸侯军救巨鹿下者十余壁⑧，莫敢纵兵。及楚击秦，诸将皆从壁上观。楚战士无不一以当十，楚兵呼声动天，诸侯军无不人人惴恐⑨。于是已破秦军，项羽召见诸侯将，诸侯将入辕门⑩，无不膝行而前，莫敢仰视。

项 羽 由 是 始 为 诸 侯 上 将 军 [11]， 诸 侯

皆 属 焉 。

注释

①卿子冠军：即宋义。卿子，当时对男人的敬称。冠军，最高统帅。②当阳君：即黥布，秦末汉初名将，初属项梁，后至项羽帐下，封九江王，后叛楚归汉。蒲将军：秦末人，名不详。③陈馀：魏国人，大泽乡起义后投奔陈胜。④甑：古代做饭用的一种陶器。⑤庐舍：房屋，此处指行军帐篷之类。⑥王离：秦将。下文的苏角、涉间都是秦将。⑦甬道：两旁有墙的驰道或通道。章邯为了把粮草顺利地运输到前线，筑成一道两边有墙壁拦护的通道。⑧壁：营垒。⑨惴恐：恐惧。⑩诸侯将：除刘邦等楚怀王已有专门任命之外的其他楚国诸将。辕门：营门。⑪上将军：非固定官名，令其位居诸将之上，相对于统领诸将而言。

译 文

　　项羽杀了上将军宋义以后，威震楚国，名闻天下。于是他就派当阳君、蒲将军率领两万人渡河，救巨鹿。战斗取得了初步胜利，陈馀继续向项羽请求援助。于是项羽率领全军渡河，过河后，下令凿沉全部船只，砸掉全部锅碗，烧掉所有的帐篷，只带着三天的粮食，以此来向士兵们表示只能前进、绝不后退的决心。于是楚军一到巨鹿，就立即包围了王离的部队，随即与秦军开战，经过多次战斗，终于冲断了秦军的通道，接着大破秦军，杀死了苏角，俘虏了王离。涉间拒不投降，自焚而死。在两军交战的时候，楚军的强大居诸侯之首。当时来援救的驻扎在巨鹿城下的诸侯军队有十几座营垒，但是没有一个敢出来与秦军作战。等到楚军攻击秦军时，各路援军的将领们都站在营垒中远远观望。楚军的战士们无不以一当十，杀声震天，其他各路援军见到这种情景，个个吓得胆战心惊。等到楚军击败了秦军之后，项羽召见各路诸侯将领，这些将领进军门的时候，一个个都跪着用膝盖向前走，谁也不敢抬起头来往上看一眼。从此，项羽便成了诸侯的上将军，各路诸侯都归项羽统辖。

史记·鸿门宴

●知识点

当年刘邦和项羽从楚怀王那里领命：谁先攻下咸阳城谁就是关中王，所以无论是项羽还是刘邦，心中的梦想都是做第一个攻下咸阳的人。

刘邦知人善用的性格特点在西征路上展露无遗，很多人愿意跟随他打天下。他一路走，一路收买人心，队伍越来越壮大。最重要的是，在西征途中，他遇到了老相识张良——这可是真正的得力干将。张良的到来，让刘邦的军队如虎添翼。此时的咸阳城内部十分混乱，秦二世胡亥昏庸愚昧，赵高掌权胡作非为。为了获得更大的权力，更为了杜绝后患，赵高与秦二世胡亥商量："我们必须把那些皇子都杀了，省得到时候他们来抢皇位。"

胡亥真是个暴君，紧接着他就用各种手段杀害了他的兄弟姐妹。这些兄弟姐妹有的被逼自杀，有的被酷刑折磨致死，还有的迫于形势，主动上书要求给父亲秦始皇陪葬。就这样，胡亥杀光了秦始皇嬴政除他之外的三十多个孩子，双手沾满了亲人的鲜血。有人说，他是被赵高忽悠的，我觉得不完全是这个原因，胡亥当上皇帝的时候，已经二十岁了，他不是三岁孩子，但凡有一点善良之心，不可能做出如此惨无人道之事。当然恶有恶报，最终胡亥也死在了赵高手里。

经过"指鹿为马"事件，赵高把整个朝廷清洗了一遍。这个时候他确认自己大权在握，胡亥已经没有什么用处了，于是，派人去杀胡亥。

胡亥真不够爷们儿，这时候还贪生怕死，居然和来杀他的人商量："我能不能不当皇帝，就当个公子，哪怕当个普通百姓也行。"来者不善，哪里会留胡亥一条命。无奈之下，胡亥自刎身亡。

此刻的赵高恨不得立刻登基当皇帝，但是大臣们纷纷站出来反对。赵高也不能把人都杀光了啊！无奈之下，他同意立子婴为王——注意，是立他为"秦王"，赵高还留着念想自己当皇帝呢。这个子婴到底是谁，史书上记载不一，因为秦始皇的孩子基本都被胡亥和赵高害死了，所以这个人很有可能是秦始皇弟弟的孩子。子婴没有资格争夺王位，反而活了下来。子婴得知自己被赵高立为秦王，做的第一件事就是托病不出。赵高只能亲自去请，子婴立刻杀了赵高，为民除害。他知道，赵高不死，他当不好秦王。

赵高死了，子婴也只当了四十六天的秦王，因为刘邦来了。

刘邦攻打咸阳很不容易，但他越战越勇，终于兵临城下。子婴看到大势已去，只好用绳子绑上自己和妻儿，驾乘白马，穿上素服，项系丝带，并手捧玉玺、符节来到刘邦帐前投降。

那一年，是公元前207年。至此，秦帝国终于走下神坛，正式成为历史。

刘邦并没有杀子婴，他找人看管子婴，自己带兵大举进入了咸阳城。一进城，刘邦就像刘姥姥进了大观园，感觉什么都是新鲜的。尤其是进入秦宫之后，见到了传闻中金碧辉煌的宫殿、无数的奇珍异宝和数以千计的绝色美女，他眼花缭乱，激动万分，简直走不动道了，当天晚上就下榻秦宫，不走了。

这时樊哙和张良都提醒他，要居安思危，此时天下还不太平，还没到享乐的时候。刘邦这才清醒过来，赶紧封闭王宫，还军霸上。霸上在咸阳的东边，是咸阳的东大门。刘邦还废除秦律，并与关中父老"约法三章"：第一，杀人者偿命；第二，伤人者要抵罪；第三，盗窃者判罪。无论是谁，都要遵守这三条法律。"约法三章"不仅将关中百姓从秦朝的严刑峻法中解放出来，还禁止军队骚扰百姓，要求义军遵纪守法，因此他很快就获得了老百姓的拥护和支持。再说项羽在巨鹿之战中打败了秦军后，带着诸侯们的军队向咸阳挺进，一路畅通。快到咸阳的时候，却在函谷关被拦住了。他一打听，才知道是刘邦派人把守函谷关，原来刘邦已经抢先攻入了咸阳城，现在在霸上驻军。

项羽顿时气不打一处来。刘邦手下有个奸细叫曹无伤，派人给项羽通风报信说：刘邦想当关中王，让秦朝的降王子婴给他当宰相，还打算把秦朝的一切财宝据为己有。项羽一听，更是勃然大怒，说："明早让士兵们饱餐一顿，我们去打垮刘邦的军队！"这个时候，项羽拥军四十万，刘邦的部队一共才十万人，在项羽眼中，消灭刘邦简直是小菜一碟。打败秦军的项羽，此时已经有些飘飘然了。

项羽的叔父项伯与刘邦手下的张良是好朋友，他听闻项羽的决定之后，觉得应该告诉张良赶紧逃跑。

于是，项伯连夜赶往刘邦的大营找到张良，将项羽第二天一早就要动手的消息和盘托出。张良知道了这个事不但没跑，还对项伯说："沛公现在有难，我离开他逃跑太不仗义了，我必须把这件事告诉沛公。"张良把一切都告诉了刘邦。

刘邦大惊，说："这可怎么办呢？"张良说："这是谁给您出的主意，让您去扼守函谷关不让项王进来？"沛公说："有个笨蛋（鲰生）对我说：'守住函谷关，不让其他诸侯进来，就可以占有秦国的全部地盘称王。'我就是听了他的话。"

张良又问："您认为您这点兵力敌得过项羽吗？"

刘邦半天不作声，沉思后不得不承认："当然敌不过了，咱们现在该怎么办呢？"

张良说："那就请您出去告诉项伯，说您从来不敢背叛项王。"

刘邦一听"项伯"两个字，立刻问张良："你是怎么认识项伯的？"张良说："秦朝的时候，我与项伯是朋友。有一次，项伯杀了人，我救了他的命。如今我有了危难，他就来救我。"

刘邦对张良的回答并没有异议，而是转移了话题，将重点放到了项伯身上，问张良："你与他谁的年纪大？"张良说："项伯比我大。"

刘邦说："你马上请他进来，我要像对待兄长一样对待他。"

这段与张良的对话，充分彰显了刘邦的智慧：他不仅能意识到问题的严重性，知道要适时低头，还能在如此紧张的时刻追问张良和项伯的交情，知道此次危机公关的关键在于项伯，利用项伯欺骗项羽才能立即化解危机。

于是张良出来，请项伯进去见刘邦。

我们已经无从得知那夜具体的情形，但是据《史记》记载，短短一会儿工夫，刘邦就已经和项伯约定好将来做儿女亲家了。在这一点上，我真的很佩服刘邦，也特别想知道他到底说了什么。

《史记》上记载了这样一段刘邦与项伯的对话："我入关以来，没敢动关中的一草一木，登记好了吏民的户口，封起一切大小仓库，就恭候着项将军的到来。我之所以派兵把守函谷关，是为了防备土匪强盗以及意外事故的发生。我日夜盼望着项将军到来，怎么敢有反心呢？请您回去把我这份不敢背叛的心思全都告诉项王。"这段话，完全掩盖了他的野心，不得不说刘邦是识时务者。

项伯答应回去帮刘邦说话，并提醒刘邦第二天一早要亲自去向项羽赔罪。

项伯连夜赶回了项羽的大营，他面见项羽，把刘邦的话如实地报告给项羽，并说："如果不是刘邦先攻入关中，大将军您今天能这么容易就入关吗？现在刘邦立了大功，我们却要灭了他，这实在是不仁不义的作为啊。我们不如趁机好好地招待他吧。"项羽想想有道理，竟欣然同意了。

接下来，就是我们最熟悉的"鸿门宴"了。第二天一早，刘邦带了一百多名骑兵去拜见项羽，当时项羽驻军在鸿门。刘邦一见项羽，就恭恭敬敬地说："这几年我与将军您齐心协力地攻打秦朝，将军在黄河之北作战，我在黄河之南作战，我万万没想到，自己居然能有幸先入关灭了秦朝，今天又能在这里见到您。可惜现在居然有小人在您面前说我的坏话，挑拨我们之间的关系，使将军与我之间产生了隔阂。"项羽说："这都是您的左司马曹无伤说的，不然我怎么能怀疑您呢？"

两人谈得不错，项羽也是性情中人，于是就把刘邦留下来一起喝酒。

大家品读原文的时候，要注意这场"鸿门宴"的细节，真可谓是惊心动魄，也是中国历史上最为凶险的一场饭局了。多亏项伯用自己的身体掩护刘邦，项庄的剑才没有刺到刘邦身上。后来刘邦借上厕所的机会偷偷地溜走了，刘邦这一走，让项羽的亚父范增非常生气，他大声对项羽说："将来夺走项王天下的，一定是刘邦！"

刘邦回到驻地之后，立刻处决了叛徒曹无伤。

几年后，范增果然一语成谶！

鸿门宴（节选）

《史记·项羽本纪》

沛公旦日从百余骑来见项王①，至鸿门，谢曰："臣与将军戮力而攻秦②，将军战河北，臣战河南，然不自意能先入关破秦③，得复见将军于此。今者有小人之言，令将军与臣有郤④。"项王曰："此沛公左司马曹无伤言之。不然，籍何以

至此？" 项王即日因留沛公与饮。项

王、项伯东向坐；亚父南向坐⑤，——

亚父者，范增也；沛公北向坐；张

良西向侍⑥。范增数目项王，举

所佩玉玦以示之者三⑦，项王默然

不应。范增起，出，召项庄⑧，谓

曰："君王为人不忍。若入前为寿⑨，

寿毕，请以剑舞，因击沛公于坐，

杀之。不者，若属皆且为所虏⑩！"

zhuāng zé rù wéi shòu shòu bì yuē jūn wáng yǔ
庄 则 入 为 寿 。 寿 毕 ， 曰 ：" 君 王 与

pèi gōng yǐn jūn zhōng wú yǐ wéi lè qǐng yǐ jiàn
沛 公 饮 ， 军 中 无 以 为 乐 ， 请 以 剑

wǔ xiàng wáng yuē nuò xiàng zhuāng bá jiàn qǐ
舞 。" 项 王 曰 ：" 诺 。" 项 庄 拔 剑 起

wǔ xiàng bó yì bá jiàn qǐ wǔ cháng yǐ shēn yì bì
舞 。 项 伯 亦 拔 剑 起 舞 ， 常 以 身 翼 蔽

pèi gōng⑪ zhuāng bù dé jī
沛 公 ， 庄 不 得 击 。

注 释

①骑：一人一马。②戮力：合力。③意：料想。④郤：通
"隙"，隔阂，嫌怨。⑤亚父：项羽对范增的尊称，意思是尊敬他
仅次于对待父亲。亚，次。⑥侍：这里是陪坐的意思。⑦玉玦：环
形、有缺口的佩玉。"玦"与"决"同音，范增用玦暗示项羽要下
决心杀刘邦。⑧项庄：项羽的堂弟。⑨寿：敬酒或用礼物赠人以表

示祝人长寿。⑩若属：你们这些人。⑪翼蔽：掩护。翼，像鸟的翅膀一样。

译　文

　　第二天一早，沛公只带了百十来个人骑马来见项王，到了鸿门，他一见项羽就道歉说："这几年我和将军您齐心协力地攻打秦朝，您攻取河北，我攻取河南，我自己并没想到能先入关灭了秦朝，今天又能在这里见到您。可是现在居然有小人挑拨您和我的关系，让您怀疑我。"项羽说："这都是您的左司马曹无伤说的。不然，我怎么能怀疑您呢？"于是项羽这天就把沛公留下来一起喝酒。项羽和项伯朝东坐；亚父朝南坐，——亚父就是范增；沛公朝北坐；张良朝西陪侍。酒会开始后，范增连连给项羽使眼色，又几次拨弄所佩戴的玉玦向项羽示意，但项羽总是默默地不加理睬。范增于是站起来，出去找项庄，他对项庄说："大王为人心肠太软，你现在进去给他们敬酒，敬完酒，就请求给他们舞剑助兴，趁机把沛公杀死在他的座位上。要不然，你们这些人日后都得成他的俘虏！"项庄进帐向沛公、项羽敬酒，敬完酒，说："大王和沛公在这里饮酒，军营中也没什么东西可以取乐，那就请让我舞一趟剑来给你们助兴吧。"项羽说："好。"于是项庄就拔出宝剑舞了起来。项伯一看就明白了项庄的意思，于是也拔剑起舞，而且有意地用自己的身体掩护沛公，使项庄没有办法下手。

8

写给项羽的一封信

亲爱的项羽：

　　您好！穿越时空，我想给两千多年前的你写封信。我猜想，你现在一定正御风飞行在遥远的星河中，笑看人世间的喜怒哀乐、悲欢离合吧！

　　都说"胜者王败者寇"，但在我心中，你也属于胜利者。虽然你没有像你的老对手刘邦那样创建新的朝代，但是你的勇猛、你的彪悍、你的不畏强权，真是中国几千年历史长河中独一无二的存在。

　　但另一方面，我也认为意气用事、暴虐、不听劝是你致命的弱点，它们最终让你走进了人生的"死胡同"。

　　还记不记得"巨鹿之战"后，各路诸侯将领都向你俯首称臣，你挥一挥剑，全天下都要跟着抖一抖。二十五岁的你就得到了这样至高无上的荣耀——这才是真正的"王者荣耀"。在世人眼中，此时的你是一位顶天立地的真英雄！然而，你马上就做了一个惊人的决定：要在一夜之间，将二十万秦军降卒坑杀殆尽。你一定读过孟子的经典名篇《得道多助，失道寡助》吧，就因为一小部分士兵的抱怨与不满，你下了"坑杀令"，一杀就是二十万，这算不算是"失道"呢？你一定会说，如果不杀他们，他们有可能会反抗、会叛变，后患无穷。从你的立场来说，也许你有这么做的原因，其实完全可以不这么残忍。

我觉得你的性格很复杂，有时残暴无情，一次杀几十万人的事情做了好几次。可另一方面，你也曾多次优柔寡断。比如你带领大军进了咸阳，年近半百的刘邦去给你赔不是，其实他的心中很清楚"小不忍则乱大谋"，他并不是真的觉得自己错了，只是当时的他打不过你而已。亚父范增也一再劝你杀了刘邦，但是刘邦说几句软话，你立马饶过了他，还请他吃了一顿史上最著名的大餐——"鸿门宴"。

也许，你是个吃软不吃硬的人。

在你生活的那个年代，论打仗，你真是天下无敌手，无论是一对一单挑还是群体作战，刘邦和其他诸侯王都不是你的对手。你也创造了很多以少胜多的案例，是当之无愧的战神。很多人畏惧你，但畏惧你的人未必从心里服你。

同样进入咸阳城，刘邦"约法三章"，不允许士兵为所欲为；而你，不但一把大火烧了咸阳的宫殿，还一声令下屠城了。老百姓也没做错什么，为何要斩尽杀绝？

你的这些决定，都为你后来的失败埋下了伏笔。

你总是无条件地相信刘邦，比如你封他为汉王，看到他在去封地的路上拆了所有的栈道，就真的相信他不会再回关中，但是很快他就"明修栈道，暗度陈仓"地打回来了；刘邦打下关中地区后，通过各种渠道告诉你，他只想做个"关中王"，不会再向东进攻了，你也相信了他；再后来，你们签订了"鸿沟协议"，划定楚河汉界，互不干涉，你高高兴兴地收兵回去了，刘邦却马上撕毁协议，再次追来。这种轻信、不设防，是你的性格使然，但是刘邦手下有韩信、张良和陈平啊，他们都是人精中的人精，怎么可以不设防？

当然，你有光明磊落的一面，也有不诚信的时候。比如楚怀王曾与你们约定，"谁能够先进入函谷关并且安定关中，谁就是关中王"。刘邦抢先做到了，你却不遵守"怀王之约"。又比如你尊楚怀王为"义帝"，答应他尽享荣华富贵，可是转手又杀了他。所以，刘邦对你的种种，也是以其人之道还治其人之身吧。

韩信帮助刘邦最终赢得了天下，但不要忘记他也曾在你手下工作过，是你的自负赶走了他。他后来在刘邦面前评价你是"匹夫之勇，妇人之仁"。

"匹夫之勇"是说你发怒咆哮时，上千人都会被你吓倒，然而你却不能信任和任用贤能的将领，所以只是自己强大而已；"妇人之仁"是说你待下属恭敬慈爱，语言温和，见有人生病，会因同情而落泪，也会把自己的食物分给病人，然而等到属下有了功劳应当受赏封爵的时候，你却宁愿把刻好了的印拿在手里把玩得磨去了棱角，也舍不得封赏给有功之臣。

韩信说得对不对，你还真得好好想一想。

我不知道你在乌江边提剑自刎离开人世间的那一刻，内心在想些什么——有没有反省过自己失败的原因？我想你是败在了年轻气盛上：去世那一年你才三十岁，很多人还在摸爬滚打的年纪，你已经走向了人生的巅峰，又从巅峰跌至万丈深渊；而你的对手刘邦已经五十四岁了，真的是吃的盐比你吃的米还多。他精于谋略，又知道在关键时刻低头，他的心智比你成熟得多！不管怎么说，你在历史长河中留下了浓墨重彩的一笔。你应该感谢司马迁，在他创作的《史记》中，关于你的精彩桥段特别多:《霸王别姬》《四面楚歌》《乌江自刎》……在这些故事中,我们读出了儿女情长,读出了英雄气短，还读出了绝不苟且偷生的冲天豪气。

你去世一千多年后的南宋，出了一位大名鼎鼎的女词人，她叫李清照。她为你写了一首诗，让你再次名扬四海。

夏日绝句

李清照

生当做人杰，　死亦为鬼雄。

至今思项羽，　不肯过江东。

一口气写了这么多，你精彩的一生我连万分之一都没写出来，但是，你的名字将永远镌刻在中国历史的丰碑上。

两千二百多年后的我

写于 2019 年 4 月 26 日

史记·项羽本纪赞

●知识点

《史记》中有十二本纪，主要记录的是历代帝王的故事。不过其中也有特殊情况。比如吕雉，她不过是刘邦的妻子，没有皇帝的称谓，但是刘邦死后，她掌政多年，是当时西汉真正的统治者。本纪中还有一个例外就是项羽了，项羽也没有当过皇帝，但司马迁认为他一度有着和天子等同的地位和作用，是无冕之天子，所以也把他的故事列入了"本纪"中。

对于项羽，司马迁还作了一个意味深长的处理——他把《项羽本纪》放在《史记》的第七卷，而《史记》的第六卷是《秦始皇本纪》，第八卷是《高祖本纪》。司马迁把项羽排在秦始皇之后、汉高祖刘邦之前，既充分肯定了他的灭秦之功，确认了他在秦汉之际的实际统治地位，又将本篇与《高祖本纪》蝉联而下，形成鲜明对照，更为深刻地揭示出楚、汉成败的原因。

《史记》中大部分人物，司马迁都要评价一下。他对项羽怀有深切的同情，认为他和舜一样，个人能力超群，而对其错误的批评，则一针见血，毫不含糊。司马迁总结了项羽成功和失败的原因，我读过之后觉得非常精彩，推荐给大家。

项羽本纪赞

《史记·项羽本纪》

tài shǐ gōng yuē　　wú wén zhī zhōu shēng yuē
太 史 公 曰： 吾 闻 之 周 生 曰

shùn mù gài chóng tóng zǐ　　yòu wén xiàng yǔ yì
"舜 目 盖 重 瞳 子"①， 又 闻 项 羽 亦

chóng tóng zǐ　　yǔ qǐ qí miáo yì yé　　hé xīng zhī
重 瞳 子。 羽 岂 其 苗 裔 邪②？ 何 兴 之

bào yě　　fú qín shī qí zhèng　　chén shè shǒu nàn
暴 也③！ 夫 秦 失 其 政， 陈 涉 首 难④，

háo jié fēng qǐ　　xiāng yǔ bìng zhēng　　bù kě shèng shǔ
豪 杰 蜂 起， 相 与 并 争， 不 可 胜 数。

rán yǔ fēi yǒu chǐ cùn　　chéng shì qǐ lǒng mǔ zhī zhōng
然 羽 非 有 尺 寸⑤， 乘 势 起 陇 亩 之 中⑥，

sān nián suì jiàng wǔ zhū hóu miè qín　　fēn liè tiān xià ér
三 年 遂 将 五 诸 侯 灭 秦， 分 裂 天 下 而

封王侯，政由羽出，号为"霸王"。

位虽不终，近古以来未尝有也⑦。及

羽背关怀楚，放逐义帝而自立⑧，怨

王侯叛己，难矣。自矜功伐⑨，奋

其私智而不师古，谓霸王之业，欲以

力征经营天下⑩，五年卒亡其国，

身死东城，尚不觉寤而不自责⑪，

过矣。乃引"天亡我，非用兵之罪

也"⑫，岂不谬哉！

注 释

①重瞳子：一个眼球上有两个瞳孔，为帝王之相。②苗裔：子孙后代。③暴：突然、迅猛。④首难：首先发难，指首先起义反秦。⑤尺寸：指狭小的封地。⑥陇亩：田野，指民间。⑦近古：指春秋战国以来的时代。⑧义帝：公元前208年（秦二世二年），项梁立楚怀王的孙子熊心为王，仍称"楚怀王"。公元前206年，项羽分封诸王，表面上尊楚怀王熊心为帝，但自己号称"西楚霸王"，定都彭城（今江苏徐州）。公元前205年，项羽派人杀死义帝。⑨矜：夸耀。攻伐：功劳。⑩经营：整顿，统治。⑪觉寤：觉醒。寤，通"悟"。⑫引：援引，拿来做理由。

译 文

太史公说：我曾听周生说过"舜的眼睛大概是双瞳孔"，又听说项羽也是双瞳孔。难道项羽是舜的后代吗？项羽的崛起是多么迅猛啊！当秦朝暴虐无道、失掉民心，陈涉首先发难反秦，各路豪杰也都蜂拥而起，相互争夺天下，人数多得数不清。而项羽没有尺寸的封地为根基，趁着时势兴起于民间，不过三年就率领五国诸侯的军队一举灭掉了秦朝，然后分割天下，分封王侯，所有政令都由项羽发布，自号为"霸王"。他的霸王之位虽然没能善始善终，但像他这样的人物近古以来还未曾有过。等到项羽放弃关中而眷念楚地，又流放义帝自立为王，此时他再抱怨各路王侯背叛自己，这样想成就大事处境就难了。他夸耀自己的功劳，逞弄个人的聪明才智，而不吸取古代的历史经验，以为霸王的业绩只要依靠武力征伐就能取得并统治天下，结果仅仅五年的时间就使国家灭亡了。直到身死东城，他还不悔悟，不知道反省自己，这当然是错误的。竟然说什么"这是老天爷要灭亡我，不是我用兵的过错"，这不是太荒谬了么！

9 | 汉武帝还犯过这么大的错误？

汉武帝是西汉的第七位皇帝。西汉的开国皇帝是刘邦，第二、三、四位皇帝都是小皇帝，政权实际掌握在吕后手中。接下来的第五、六、七位皇帝就是"文、景、武"了，汉文帝刘恒是刘邦的儿子，汉景帝刘启是刘邦的孙子，汉武帝刘彻是刘邦的曾孙。

提起汉武帝，我们首先想到的常常是他的丰功伟绩：在五十多年的皇帝生涯中，他开辟丝绸之路，发扬儒家文化，扩大国家疆土，发展社会经济。他缔造了此后两千年中华帝国的基本轮廓，实现了一个国家前所未有的强盛，树立了一个民族彪炳千秋的自信。汉武大帝确实是一位伟大的政治家、战略家。不过，他也做了不少让后人觉得大失水准的事情，其中最典型的就是"巫蛊之祸"。

巫蛊，是把一个写上被害人姓名、生辰八字的木偶人埋在地下诅咒他人的巫术。汉武帝怎么会和"巫蛊"联系在一起？这就要从汉武帝身边的两个人说起：一个是他的宠臣江充，一个是太子刘据。

江充到汉武帝身边之前就已经是一名成熟的政客了，他的妹妹嫁给了赵王太子刘丹。这本是件大好事，但是由于江充知道的事情太多，为人又非常精明，刘丹开始怀疑他。江充一看情况不妙，赶紧逃到了都城长安，向汉武帝告发刘丹的种种问题。汉武帝一查，全部属实，于是下令治刘丹死罪。后来刘丹的父亲出面协调，刘丹才没有被杀。

因举报有功，江充被汉武帝留在身边。江充抓住机会，主动要求出使匈奴。回来后，他把打听到的匈奴的情况都如实汇报给汉武帝，并给汉武帝出了不少对付匈奴的办法。汉武帝很高兴，便授予官职，让他担任监察官。

江充任职期间，也尽职尽力，他经常举报那些贪官和他们的子弟，建议汉武帝罚没他们的财产，并把这些子弟派往前线打仗。汉武帝觉得江充铁面无私，不畏权贵，对他十分赞赏。当然，江充这种动不动就告状，一点情面不讲的行为，就让其他官员比较反感了。

后来，太子刘据也因为一点小事和江充有了矛盾。刘据的家臣驾车驶入驰道，驰道是天子的御用车道，未经许可，任何人不能行驶其上，家臣上道就是犯禁，于是江充就把刘据的家臣抓了起来。太子刘据觉得这是小事，不必上纲上线，就出面求情。没想到，江充根本不给太子面子，直接上报汉武帝了。汉武帝倒是很高兴，觉得自己的臣子刚正不阿，朝廷中就需要这样的人。于是江充越发受汉武帝信任，一时威震京师。

这事把太子气得够呛，心想：打狗还得看主人呢，行，你江充就折腾吧，我先忍了，等我当上皇帝，有你好果子吃！

其实这事过后江充心里也在担心，汉武帝年纪渐渐大了，驾崩之后，太子刘据要继承皇位，他肯定不会放过自己。所以必须在汉武帝活着的时候想个办法，把太子拉下马，便于自己在汉武帝百年之后也可以高枕无忧。

但是换太子这是多大的事啊，江充当然决定不了。

后来汉武帝生病了，江充就上奏皇帝说他的病是因为巫蛊引起的。这要放在汉武帝年轻时候，他肯定不会相信，可是人一旦老了，生病了，就容易疑神疑鬼。汉武帝本就有些疑心有人诅咒自己，便立刻下令由江充负责此事，彻底清查谁在背后捣鬼。

江充接到这个任务之后估计得偷笑半天吧——总算找到彻底弄垮太子的机会了。

江充果然从太子刘据的花园中挖出一个小木人来，这太可怕了，说明太子在诅咒皇帝啊。刘据很惊恐，有口难辩，这回真是跳进黄河也洗不清了。后世不少史学家认为这个小木人是江充派人埋到太子宫殿里的。太子一怒之下杀了江充。他深知自己闯下大祸，为了自保，起兵自救。汉武帝听到了这个消息，简直气吐血了：太子下蛊，然后诛杀大臣，接着起兵，这不就是谋反吗？于是汉武帝出兵平乱，两方激战数月，死了几万人，最终太子兵力不足，自尽身亡了。

此时汉武帝年事已高，又遭遇这样的事情，当然很伤心。不过，他毕竟是有大智慧的人，很快就醒悟过来，知道这事是被人利用了，不再相信什么下蛊的事情，而且明白了太子蒙冤的过程，于是下令将江充满门抄斩。

后来，汉武帝还专门修建了一座宫殿，称"思子宫"，又造了一座高台，叫"归来望思之台"，以寄托他对太子刘据的哀思。

这次"巫蛊之祸"还牵连了好多人，司马迁的好朋友任安便是其中之一。任安当时在朝廷任北军护军使者，拥有兵权。太子出兵的时候，派人持节到任安那里，请求他发兵助战。但是任安不想蹚这父子相残的浑水，所以虽然接了"节"，相当于接受了太子的命令，但是最终没有发兵。后来事件结束了，汉武帝觉得任安虽然没有帮助太子出兵，但是坐观成败，谁胜了就依附谁，太贼了，所以判他死刑。在狱中，任安写信给司马迁，希望司马迁见到皇帝的时候能替自己求情。

司马迁接到这封信非常为难，他当然希望能救出老朋友，但是他太了解汉武帝了，自己当年遭受宫刑，就是因为帮李陵说了几句好话。所以这次，他不愿再出头了。而且司马迁深知，汉武帝为儿子报仇心切，任安之罪绝无宽恕的可能。思前想后，司马迁给任安回复了一封信，写出了自己见死不救的原因，请求老朋友原谅，这就是《报任安书》。

《报任安书》选段一

在上一篇文章中，我讲了《报任安书》的写作缘由。这篇文章之所以出名，是因为作者司马迁饱含深情，痛陈遭遇，一泻千里般的情感顺着文章流出，让读者无不深受感动。

《报任安书》是一封长信，文章结构严谨，内容丰富，引古证今，层层递进。在信中，司马迁把自己的位置放得很低，很诚恳地写出了自己的苦衷，同时讲出了他对生死的独特看法，与其苟且偷生地活着，还不如"重如泰山"般离去。

这次我选择与大家分享的，是我个人特别喜欢，也认为是这一封信中情感最饱满的一段。第一句是经典名言："人固有一死，或重于泰山，或轻于鸿毛，用之所趋异也。"这句话是说：每个人都会死，但是死的原因和目的不同，有的人死得比泰山还重，有的人却死得比大雁的羽毛还轻。紧接着，司马迁将人的受辱情况分为四不辱、立言、主受辱等，连用八个"其次"，一层一层铺垫，最后喷薄出他内心最悲愤的那句话——"最下腐刑极矣"，意思是最下等、最伤自尊的刑罚就是腐刑，受辱到了极点。腐刑也叫宫刑，是一种残酷的精神与身体的双重惩罚，很多人甘愿一死，也不愿受这种折磨。遭逢李陵之祸时，《史记》尚未写完。司马迁忍辱负重地活下来是为了完成《史记》。

受刑后的司马迁内心一直都是痛苦的，他觉得实在是屈辱至极，生不如死。

文中有句话"刑不上大夫"也很重要，这句话出自《礼记》，原文是"礼不下庶人，刑不上大夫"。这两句话不能简单地理解为：普通的老百姓不用遵循礼仪，大夫以上的官员犯法也不被施加刑罚。我们从司马迁的解读中可以看出来，当时的人觉得大夫以上的人身份高贵，是不应该犯法的，即便犯法了也不应该受到刑法的羞辱，你可以理解为"士可杀，不可辱。"

司马迁在这封信中，举了很多例子控诉封建专制下的酷吏政治，同时我们也读出了作者不畏强权，内心一直在奋斗的决心。

《报任安书》是司马迁留在世上的最后一篇文字，凝聚了司马迁对自己一生的总结。这是一个终点，让人们见证了一位名垂千古的史学家的辉煌；也是一个起点，激励后人沿着他开辟的史学道路创作新的历史。

报任安书（节选）

司马迁

人固有一死，或重于泰山，或轻于鸿毛，用之所趋异也。太上不辱先，其次不辱身，其次不辱理色①，其次不辱辞令，其次诎体受辱②，其次易服受辱③，其次关木索、被箠楚受辱④，其次剔毛发、婴金铁受辱⑤，其次毁肌肤、断肢体受辱，最下腐刑，極矣！传曰⑥：“刑不上大夫⑦。”
此言士节不可不勉励也。

注 释

①理色：道理，脸面。②诎：同“屈”。诎体：身体被捆绑起来。③易服：改穿囚服。④棰楚：木棒和荆杖。古代杖刑用具，因此称杖刑。⑤剔：通“剃”，剃头。⑥传：指《礼记》。⑦刑不上大夫：大夫以上官员犯法，可不受刑罚。出自《礼记·曲礼》。

译 文

人必然有一死，有的死比泰山还要重，有的死比鸿毛还要轻，这是因为死的目的不同。首先不使祖先受辱，其次不使自己身体受辱，其次不在道理和颜面上受辱，其次不在言辞上受辱，其次被捆缚受辱，其次被囚禁受辱，其次戴上木棒被人抽打受辱，其次或剃光了头、或头颈上戴着铁链受辱，其次毁坏肌肤、截断四肢受辱，最下等的就是遭受宫刑，这是达到极点了！《礼记》中说："刑罚不能加于大夫以上（的官员）。"这是说士大夫的节操不可以不勉励。

《报任安书》选段二

● **知识点**

这两段是《报任安书》的倒数第三段和倒数第二段，阅读这两段时，我似乎看到了两千多年前的司马迁奋笔疾书的样子。他的情绪是那么饱满，也许对他来说，写这封回信也是诉说心中苦闷的一个难得的机会。

这两段书信的中心思想是：只有那些卓越而且不平凡的人才能受到后人的称道。司马迁希望自己和任安都能够成为这样的人。当然其中也有自我安慰的成分，因为司马迁觉得此时的自己已经不是一个"完整的人"了，他苟活的唯一目的就是完成父亲留给他的使命。而任安马上就要被问斩，只能请他把高贵的品质尽量展现出来，他个人的功过是非，也只能任后人评说了。

在这两段文章的字里行间，我们能清晰感受到司马迁不向困境低头的傲骨，他以古代那些命途多舛但最终名垂千古的圣贤为榜样，激励自己、激励友人。

报任安书（节选）

司马迁

<ruby>古<rt>gǔ</rt></ruby><ruby>者<rt>zhě</rt></ruby><ruby>富<rt>fù</rt></ruby><ruby>贵<rt>guì</rt></ruby><ruby>而<rt>ér</rt></ruby><ruby>名<rt>míng</rt></ruby><ruby>摩<rt>mó</rt></ruby><ruby>灭<rt>miè</rt></ruby>①，<ruby>不<rt>bù</rt></ruby><ruby>可<rt>kě</rt></ruby><ruby>胜<rt>shèng</rt></ruby><ruby>记<rt>jì</rt></ruby>，

<ruby>唯<rt>wéi</rt></ruby><ruby>倜<rt>tì</rt></ruby><ruby>傥<rt>tǎng</rt></ruby><ruby>非<rt>fēi</rt></ruby><ruby>常<rt>cháng</rt></ruby><ruby>之<rt>zhī</rt></ruby><ruby>人<rt>rén</rt></ruby><ruby>称<rt>chēng</rt></ruby><ruby>焉<rt>yān</rt></ruby>②。<ruby>盖<rt>gài</rt></ruby><ruby>文<rt>wén</rt></ruby><ruby>王<rt>wáng</rt></ruby><ruby>拘<rt>jū</rt></ruby>

<ruby>而<rt>ér</rt></ruby><ruby>演<rt>yǎn</rt></ruby>《<ruby>周<rt>zhōu</rt></ruby><ruby>易<rt>yì</rt></ruby>》；<ruby>仲<rt>zhòng</rt></ruby><ruby>尼<rt>ní</rt></ruby><ruby>厄<rt>è</rt></ruby><ruby>而<rt>ér</rt></ruby><ruby>作<rt>zuò</rt></ruby>《<ruby>春<rt>chūn</rt></ruby><ruby>秋<rt>qiū</rt></ruby>》③；

<ruby>屈<rt>qū</rt></ruby><ruby>原<rt>yuán</rt></ruby><ruby>放<rt>fàng</rt></ruby><ruby>逐<rt>zhú</rt></ruby>④，<ruby>乃<rt>nǎi</rt></ruby><ruby>赋<rt>fù</rt></ruby>《<ruby>离<rt>lí</rt></ruby><ruby>骚<rt>sāo</rt></ruby>》；<ruby>左<rt>zuǒ</rt></ruby><ruby>丘<rt>qiū</rt></ruby>

<ruby>失<rt>shī</rt></ruby><ruby>明<rt>míng</rt></ruby>，<ruby>厥<rt>jué</rt></ruby><ruby>有<rt>yǒu</rt></ruby>《<ruby>国<rt>guó</rt></ruby><ruby>语<rt>yǔ</rt></ruby>》⑤；<ruby>孙<rt>sūn</rt></ruby><ruby>子<rt>zǐ</rt></ruby><ruby>膑<rt>bìn</rt></ruby><ruby>脚<rt>jiǎo</rt></ruby>，

《<ruby>兵<rt>bīng</rt></ruby><ruby>法<rt>fǎ</rt></ruby>》<ruby>修<rt>xiū</rt></ruby><ruby>列<rt>liè</rt></ruby>；<ruby>不<rt>bù</rt></ruby><ruby>韦<rt>wéi</rt></ruby><ruby>迁<rt>qiān</rt></ruby><ruby>蜀<rt>shǔ</rt></ruby>，<ruby>世<rt>shì</rt></ruby><ruby>传<rt>chuán</rt></ruby>《<ruby>吕<rt>lǚ</rt></ruby>

<ruby>览<rt>lǎn</rt></ruby>》；<ruby>韩<rt>hán</rt></ruby><ruby>非<rt>fēi</rt></ruby><ruby>囚<rt>qiú</rt></ruby><ruby>秦<rt>qín</rt></ruby>，《<ruby>说<rt>shuì</rt></ruby><ruby>难<rt>nán</rt></ruby>》、《<ruby>孤<rt>gū</rt></ruby><ruby>愤<rt>fèn</rt></ruby>》；

《诗》三百篇⑥，大抵圣贤发愤之所为作也。此人皆意有所郁结，不得通其道，故述往事，思来者。乃如左丘无目，孙子断足，终不可用，退而论书策以舒其愤，思垂空文以自见⑦。

仆窃不逊，近自托于无能之辞，网罗天下放失旧闻⑧，略考其行事，综其终始，稽其成败兴坏之纪，

上计轩辕，下至于兹，为十表、本
纪十二、书八章、世家三十、列传
七十，凡百三十篇，亦欲以究天人之
际，通古今之变，成一家之言。草
创未就，会遭此祸，惜其不成，是以
就极刑而无愠色^⑨。仆诚已著此书，
藏诸名山，传之其人通邑大都，则
仆偿前辱之责，虽万被戮，岂有悔
哉！然此可为智者道，难为俗人言也。

注 释

①摩：通"磨"。②倜傥：豪迈，不受拘束。③仲尼厄而作《春秋》：孔丘字仲尼，周游列国宣传儒道，在陈地和蔡地受到围攻和绝粮之苦，返回鲁国作《春秋》一书。④屈原：战国时期楚国诗人，政治家，曾两次被楚王放逐，幽愤而作《离骚》。⑤厥：副词，乃，就。《国语》：史书，相传为左丘明撰著。⑥《诗》三百篇：今本《诗经》共有三百零五篇，此举其成数。⑦见：通"现"。⑧失：通"佚"，散失。⑨愠：怨恨，生气。

译 文

古时候生前富贵但死后寂寂无名的人，多得数不清，只有那些卓越而且不平常的人才能受到后人的称道。相传周文王被纣王囚于羑里而推演出《周易》；孔子受困厄而著《春秋》；屈原被放逐，才写了《离骚》；春秋时鲁国史官左丘明失去视力后著《国语》；孙膑被庞涓剜去膝盖骨后撰写了《孙膑兵法》；吕不韦被迁往蜀地，后世才流传了《吕氏春秋》；韩非被囚禁在秦国，写出了《说难》《孤愤》；《诗经》

三百篇，大都是圣贤们为抒发内心的愤懑而作的。这些人都是心里抑郁闷结，得不到宣泄，所以才追述过去的事情，寄希望于后来人。就像左丘明失明，孙膑断了双脚，再也得不到重用了，便退而著书立说以抒发他们的怨愤，希望文章流传后世使后人能了解自己。

我私下里也自不量力，用我那拙劣的文辞，收集天下各处的历史传闻，粗略地考订其真实性，综述其来龙去脉，考察其成败盛衰的道理，上自黄帝，下至于当今，写成表十篇、本纪十二篇、书八篇、世家三十篇、列传七十篇，一共一百三十篇，探究天地自然与人类社会的关系，通晓古往今来的变化，建立一家之言论。刚有初稿还没有成书，就遭遇了这场灾祸，我痛惜这部书不能完成，因此遭受最残酷的刑罚也没有怨怒之色。我确实想完成这本书，把它藏到名山之中，传给与自己志同道合的人，再让它广传于天下。那么，我便抵偿了以前所受的侮辱，即使受再多的侮辱，也没有什么可后悔的！然而，这些话只能向有见识的人诉说，却很难向世俗之人讲清楚啊。

《前汉书》和《后汉书》都是咋回事?

《前汉书》和《后汉书》都是"二十四史"之一,是纪传体的断代史。纪传体是司马迁写《史记》时开创的一种以为人物立传记的方式叙述史实的史书形式,断代史是记录某一时期或某一朝代历史的史书,始创于东汉班固所著的《汉书》。二十四史中除《史记》之外,其余二十三史都属断代史。

《汉书》又称《前汉书》,要知道《前汉书》和《后汉书》都是咋回事,首先要了解汉朝的历史。

汉朝是中国历史上非常强盛并且长寿的朝代,与唐朝合称"强汉盛唐"。它开始于公元前 202 年刘邦称帝,结束于公元 220 年汉献帝禅位,曹丕登基。整个汉朝经历了三个重要的历史阶段,后人称之为:西汉、新朝、东汉。

西汉的第一个皇帝是汉高祖刘邦，庙号太祖，谥号高皇帝。按照西汉的传统——皇帝去世后称呼他的谥号，我们应该称他为汉高帝。但是为什么称他为汉高祖呢，可能因为他是西汉的开山鼻祖，后人总觉得不来个"祖"字说不过去，渐渐就混搭了。西汉开始于公元前202年刘邦称帝，建立汉朝，结束于公元8年王莽称帝。也有一种说法是以公元前206年作为汉朝开始的时间，那是将楚汉战争计算在内了。

西汉一共十四位皇帝，其中第三位刘恭、第四位刘弘是小皇帝，没有任何权力，实权都掌握在吕后手中。由于吕后在很长一段时间内是西汉真正的统治者，所以司马迁在《史记》中把吕后写入了"本纪"中，而那两个小皇帝反而都没有自己的本纪。西汉的第九位皇帝汉废帝刘贺也比较奇葩，他是西汉历史上在位时间最短的皇帝，登基只有二十七天，却做了一千多件坏事，比如不理朝政、在宫中斗狗、在给先帝服孝期间偷吃酒肉，等等。后来大臣们实在受不了了，联合太后废除了刘贺的帝位。他在皇帝的位置上过了一把瘾，又被打回原形。

减去这三位，西汉总共十一位皇帝，但很多书上写西汉有十二位皇帝，这就是把王莽给算进去了。我倒认为，把王莽单独列出来比较合适。

西汉末年，外戚专政，王皇后的侄子王莽渐渐露出了野心。在服侍了三任皇帝之后，他在朝廷之中的地位已经无人能够撼动。但当时他觉得称帝时机还不够成熟，于是又弄出个两岁的孩子刘婴做皇太子，自己掌握全部实权，历史上称这个孩子为孺子婴。

对于王莽，我们应当客观公正、一分为二地来看待。他刚开始做官的时候，为人清正廉洁，生活非常简朴。后世很多人认为他最初都是伪装的，我觉得也不能这么绝对地看问题。王莽本身的学识和教养还是不错的，年轻的时候，肯定也没想到自己有朝一日能当上皇帝。只是随着手中的权力越来越大，他的内心逐渐起了变化。就像大家参加马拉松比赛，如果你是最后一名，你肯定不会有那么多想法，觉得能坚持下来就是胜利；但如果你是第三名，你就会有明确的目标——追上第二名，甚至争取拿到第一名。王莽在朝廷中也是这样，最初名不见经传的时候，他可能想的就是踏踏实实做个官，可是后来历史把他推到了舞台中央，眼看自己离"第一名"就差一步之遥，他的权力欲望自然就被激发出来了。后来，王莽还策划了一出"民意闹剧"：有近五十万人站出来说："啊，还是请王莽当皇帝吧，他是个大贤人啊！"由于说这类话的人实在太多了，王莽篡位就并非大逆之举，而变成了顺应民心。

公元 8 年，王莽称帝，国号"新"，都城还是长安，改名为"常安"。从所改的都城名字中我们也能看出来，王莽希望新朝能长治久安，当然，这只是一个美好的愿望而已。

王莽的新朝一共有三个年号，分别是建国、天凤和地皇。由于法令严苛，赋役繁重，天凤四年（公元 17 年）爆发了全国性的农民起义。地皇四年（公元 23 年），新朝就在赤眉、绿林等农民起义军的打击下覆灭了，仅仅存在了十五年的时间。

这一年，绿林军立了西汉皇族刘玄为皇帝，国号"更始"，意思是开始新时代，所以这一年也叫"更始元年"。刘玄就是历史上著名的"更始帝"，就这样，政权又重新回到刘家人的手中。

西汉加上新朝，前后共有二百二十五年的历史，再加上楚汉相争的近五年时间，一共是二百三十年。其中发生了无数精彩的故事，都被记载到了一本史书上，这本书就是《汉书》。《汉书》共有八十万字，绝对是一部恢宏巨作。它的作者班固在撰写这部书的过程中，首创了"断代史"这一史学体例。在记述西汉前期的历史时，班固在很大程度上参考了《史记》。

班固是东汉的史学家，他们一家人都很牛：他的父亲班彪为东汉开国皇帝刘秀所赏识，博学多才，内心恬淡，权力欲望不大，一心只想着续写《史记》，但是还没有写完就去世了。于是文学功底深厚的班固继承父亲遗志，继续撰写汉代史。班固有个弟弟叫班超，是东汉抗击匈奴的大将。妹妹班昭也是才华横溢，学识渊博，她在班固去世之后，整理并续写了《汉书》。

不过，在那个年代，史书不是什么人都可以写的，班固写《汉书》，这叫"私修国史"，罪名很重，所以，他还曾被皇帝抓去问询过。但是很快，皇帝就被班固的才华给征服了，不但没有治罪，还给他封官，让班固正式成为朝中的一名史官。

《汉书》后来也被称作《前汉书》，这是为了和《后汉书》区分开来。

《后汉书》记载的是公元 25 年刘秀称帝，到公元 220 年汉献帝禅位曹丕之间将近两百年的历史，是南北朝时期南朝宋的历史学家范晔编撰的。这部书在前面所述史书体例的基础之上，又加了"皇后纪"，因为东汉后期太后临朝的情况特别多，加上这一部分，可以让后人更准确地了解这个朝代的真实情况。

前面我们说了王莽政权为绿林军所灭，更始帝刘玄成了新的皇帝。不过，刘玄本身很懦弱，又没有什么治国的本领。在绿林军打天下的过程中，有个人很厉害，功劳最大，他叫刘演。刘玄当了皇帝之后，也重用了刘演，但是后来他发现刘演实在太有能力了，怕他功高震主，就把刘演给杀了。

刘演有个弟弟叫刘秀，没错，就是东汉的开国皇帝刘秀。

刘秀是汉高祖刘邦九世孙，他刚知道哥哥被杀的时候，并没有反叛，还到更始帝面前谢罪。后来，他渐渐发现更始帝刘玄真是既无德又无才，再加上有杀兄之仇，就找了个机会与更始帝彻底决裂了。

刘秀的江山是打出来的，没有人能随随便便成功。

公元 25 年，刘秀称帝，史称汉光武帝。汉光武帝刘秀学识过人，又很会用兵，被后人称作"最会打仗的皇帝"。他称帝的时候，天下并不太平，战火连年，四分五裂，所以他又连续征战了十二年，才平定天下，为子孙后代留下一个统一的家园。这样打下来的江山，维持了一百九十五年，也算长寿了。东汉后面几十年一直摇摇欲坠，公元 220 年，江山最终葬送在汉献帝手中，一个新的时代——三国开启了。

由于刘邦建立的汉朝都城在长安，刘秀所建汉室都城在洛阳，长安在西，洛阳在东，为了加以区别，所以历史上称前一段为西汉，后一段为东汉。

由于《前汉书》记述了王莽新朝的史事，所以有些历史学家也以此为根据，把王莽篡汉这十五年算在西汉历史中，并且把更始帝当作西汉的最后一位皇帝。

《汉书》和《后汉书》都是"二十四史"之一，它们和《史记》《三国志》并称为"前四史"。如今有能力阅读这些作品的人越来越少，期待我们的小读者们能打好文言文基础，有朝一日，能读懂"二十四史"的原文。

汉书·苏武牧羊

●**知识点**

苏武是西汉的一名大臣，生活在汉武帝时代。大家都很熟悉的故事《苏武牧羊》主要讲的是苏武被匈奴扣留后，坚决不投降，最终被安排到非常荒凉的贝加尔湖畔放牧公羊。匈奴人告诉他，等这些公羊生了小羊之后就送他回国。可是公羊怎么能生出小羊来？于是苏武在寒冷的北方一待就是十九年。

那么，苏武为什么会被匈奴扣留了呢？这事还要从汉武帝对匈奴的政策谈起。

汉武帝比较强势，他在任的五十多年中多次征讨匈奴，汉朝和匈奴的关系非常紧张。

当时无论是汉朝还是匈奴都想要尽可能多地了解对方的情况，所以收买人心就成了彼此的大事。如果汉朝中的重要人物投奔匈奴了，那匈奴单于就要大摆酒宴庆祝；如果匈奴人归附了汉朝，汉武帝也会暗自高兴很久。比如我们前面讲的让司马迁受牵连的"李陵案"就是这样，李陵本是汉朝大将，带兵打仗，匈奴人多势众，走投无路的他只能在无奈之下投降了。投降的意思就是以后他就是匈奴的人了，所以汉武帝才被差点气吐血了：李陵这个级别的将领投降，这还不仅仅是给对方输送军事人才的问题，关键是丢人啊！我堂堂大汉的将领，怎么能打不过就投降？司马迁在皇帝气头上替李陵说话，所以才被判了那么重的罪。后来，李陵在汉的家人都被汉武帝杀死了，李陵也只能待在匈奴不回来了，因为回来也是死罪。

苏武是在李陵投降的前一年出使匈奴的。那一年，是公元前 100 年。当时匈奴新的单于上任了，他对汉朝表示了尊敬和臣服。汉武帝一看这小子还行，那就缓和缓和关系，把之前扣留在汉的匈奴使臣都放回去吧。苏武作为汉朝使节，护送这些匈奴人回国。

一路上十分顺利，苏武一行到匈奴后也受到了热情的接待，单于还准备派使者护送苏武一行回国。可是就在这时，匈奴内部发生了一件事，彻底改变了苏武的命运——有人想谋反。

这位想谋反的是卫律手下一个叫虞常的人，那么卫律又是谁呢？卫律是胡人的后代，因为他的父亲投奔了汉朝，所以他出生并成长于汉地。后来卫律的好朋友出事被诛，他怕受到牵连，便投奔了匈奴。到了匈奴，卫律的军事才华很快就显露了出来，他很会带兵打仗，多次攻打汉朝军队。匈奴单于很喜欢他，常带在身边。

卫律手下的虞常觉得卫律对自己不好，想杀了卫律，劫持单于母亲，然后逃回汉地。虞常把这个想法告诉了自己的朋友、苏武的手下张胜。张胜头脑简单，听到朋友说想谋反，居然也没想太多，只觉得有人要反匈奴这是天大的好事，就表示了支持。结果，虞常还没来得及行动，就被手下的人告密了。这下不得了，牵扯出一堆人，张胜被供了出来，苏武作为张胜的上司，自然也跑不了——虽然苏武并没有参与其中。

匈奴单于派卫律去处理这件事，卫律对虞常恨得牙根痒痒，正欲除之而后快，所以立马收拾了他。这件事牵连到苏武手下的人，这让卫律很兴奋，因为苏武是汉朝高官，如果能说动苏武像自己一样投奔匈奴，这不仅对匈奴是件大好事，对自己也绝对是立大功的好机会啊！

于是，卫律劝苏武不如留在匈奴，但苏武宁愿自杀也不愿意投降。

单于一看不行，亲自去劝，苏武依然不从。几次下来之后，单于烦了，但是又不敢直接杀了苏武，就把他囚禁了起来。接下去就是《汉书》中描写的这段故事了，大家要仔细地一句一句品读，感受当时苏武的处境。

苏武在匈奴熬了十九年，直到六十岁左右终于回到了故乡。

苏武牧羊

《汉书·苏武传》

<ruby>律<rt>lǜ</rt></ruby> <ruby>知<rt>zhī</rt></ruby> <ruby>武<rt>wǔ</rt></ruby> <ruby>终<rt>zhōng</rt></ruby> <ruby>不<rt>bù</rt></ruby> <ruby>可<rt>kě</rt></ruby> <ruby>胁<rt>xié</rt></ruby>，<ruby>白<rt>bái</rt></ruby> <ruby>单<rt>chán</rt></ruby> <ruby>于<rt>yú</rt></ruby> ①。

<ruby>单<rt>chán</rt></ruby> <ruby>于<rt>yú</rt></ruby> <ruby>愈<rt>yù</rt></ruby> <ruby>益<rt>yì</rt></ruby> <ruby>欲<rt>yù</rt></ruby> <ruby>降<rt>xiáng</rt></ruby> <ruby>之<rt>zhī</rt></ruby>，<ruby>乃<rt>nǎi</rt></ruby> <ruby>幽<rt>yōu</rt></ruby> <ruby>武<rt>wǔ</rt></ruby> ②，<ruby>置<rt>zhì</rt></ruby> <ruby>大<rt>dà</rt></ruby>

<ruby>窖<rt>jiào</rt></ruby> <ruby>中<rt>zhōng</rt></ruby>，<ruby>绝<rt>jué</rt></ruby> <ruby>不<rt>bú</rt></ruby> <ruby>饮<rt>yìn</rt></ruby> <ruby>食<rt>sì</rt></ruby> ③。<ruby>天<rt>tiān</rt></ruby> <ruby>雨<rt>yù</rt></ruby> <ruby>雪<rt>xuě</rt></ruby>，<ruby>武<rt>wǔ</rt></ruby> <ruby>卧<rt>wò</rt></ruby> <ruby>啮<rt>niè</rt></ruby>

<ruby>雪<rt>xuě</rt></ruby>，<ruby>与<rt>yǔ</rt></ruby> <ruby>旃<rt>zhān</rt></ruby> <ruby>毛<rt>máo</rt></ruby> <ruby>并<rt>bìng</rt></ruby> <ruby>咽<rt>yàn</rt></ruby> <ruby>之<rt>zhī</rt></ruby> ④，<ruby>数<rt>shù</rt></ruby> <ruby>日<rt>rì</rt></ruby> <ruby>不<rt>bù</rt></ruby> <ruby>死<rt>sǐ</rt></ruby>。<ruby>匈<rt>xiōng</rt></ruby>

<ruby>奴<rt>nú</rt></ruby> <ruby>以<rt>yǐ</rt></ruby> <ruby>为<rt>wéi</rt></ruby> <ruby>神<rt>shén</rt></ruby>，<ruby>乃<rt>nǎi</rt></ruby> <ruby>徙<rt>xǐ</rt></ruby> <ruby>武<rt>wǔ</rt></ruby> <ruby>北<rt>běi</rt></ruby> <ruby>海<rt>hǎi</rt></ruby> <ruby>上<rt>shàng</rt></ruby> <ruby>无<rt>wú</rt></ruby> <ruby>人<rt>rén</rt></ruby> <ruby>处<rt>chù</rt></ruby> ⑤，

<ruby>使<rt>shǐ</rt></ruby> <ruby>牧<rt>mù</rt></ruby> <ruby>羝<rt>dī</rt></ruby>，<ruby>羝<rt>dī</rt></ruby> <ruby>乳<rt>rǔ</rt></ruby> <ruby>乃<rt>nǎi</rt></ruby> <ruby>得<rt>dé</rt></ruby> <ruby>归<rt>guī</rt></ruby> ⑥。<ruby>别<rt>bié</rt></ruby> <ruby>其<rt>qí</rt></ruby> <ruby>官<rt>guān</rt></ruby> <ruby>属<rt>shǔ</rt></ruby>

<ruby>常<rt>cháng</rt></ruby> <ruby>惠<rt>huì</rt></ruby> <ruby>等<rt>děng</rt></ruby>，<ruby>各<rt>gè</rt></ruby> <ruby>置<rt>zhì</rt></ruby> <ruby>他<rt>tā</rt></ruby> <ruby>所<rt>suǒ</rt></ruby>。

武既至海上，廪食不至，掘野鼠、去草实而食之⑦。仗汉节牧羊，卧起操持，节旄尽落。积五六年，单于弟於靬王弋射海上⑧。武能网纺缴⑨，檠弓弩⑩，於靬王爱之，给其衣食。三岁馀，王病，赐武马畜、服匿、穹庐⑪。王死，后人众徙去。其冬，丁令盗武牛羊⑫，武复穷厄。

注 释

①白：下对上陈述。②幽：囚禁。③饮、食：皆作动词用，意为喝水、吃饭。④旃：通"毡"，毡毯。⑤北海：当时匈奴的北界，即今俄罗斯的贝加尔湖。⑥羝乳：指公羊生小羊。乳，生育。⑦去：通"弆"，收藏。⑧於靬王：且鞮侯单于之弟。弋射，射猎。⑨纺缴：纺出箭的尾部所系的丝绳。⑩檠：矫正弓弩的器具。这里作动词用，指以檠矫正弓弩。⑪服匿：盛酒酪的瓦器，小口广腹方底。穹庐：圆顶的大帐篷。⑫丁令：又作丁灵、丁零，匈奴族的一支。当时卫律为丁零王，丁零盗苏武牛羊，应是卫律主使。

译 文

卫律知道苏武最终不可能因受到威胁而投降，就报告给单于。单于越发想要招降苏武，于是把苏武囚禁在一个空地窖中，断绝他的吃喝。天下着雪，苏武躺在地上，就着雪吃，吞毡毛充饥，过了好多天也没死。匈奴人认为这是神在帮他，就把苏武流放到荒无人烟的北海边，让他放牧公羊，等到公羊生了小羊才准许苏武回国。匈奴把苏武和他的部下及其随从人员常惠等人分开，囚禁在别的地方。

苏武迁移到北海后，匈奴断绝了对他的粮食供应，他只好挖野鼠所储藏的草籽充饥。苏武每天都拄着汉朝的旄节牧羊，因为早晚都握在手中，连旄节上的旄尾都脱落了。这样过了五六年，单于的弟弟於靬王到北海边射猎。苏武擅长结网和纺出系在箭尾的丝绳，还善于矫正弓弩，所以於靬王很器重他，供给他衣服、食品。过了三年多，於靬王病重，赏赐给苏武一些马牛羊、陶罐容器和帐篷等。於靬王死后，他的部下也都迁离北海。这年冬天，丁令部落盗走了苏武的牛羊，苏武又陷于穷困之中。

后记 | 请把你的知识连成一条线！

我女儿上五年级之后，语文考试经常出现"过山车"的情况，好的时候真不错，差的时候简直令人诧异。

成绩不稳定，说明学得不扎实。

我之前对她的语文学习还挺放心的。她受父母的影响，非常喜欢读书，而且喜欢钻研历史、地理知识，知识面还算宽广。可是语文成绩的不稳定，让她很有挫败感，觉得非常闹心。

有一次，她的语文成绩又遭遇了大滑坡，我们俩决定把所有卷子都找出来看看，分析分析原因。我和她相处得像朋友一样，她遇到困难都会向我求救。其实她一次两次考不好我都会觉得是正常现象，告诉她不必担心，但是成绩总是忽上忽下就要重视了。

那个周末，我们俩把她四年级、五年级所有的语文卷子翻了个遍，发现她丢分最严重的地方是阅读理解。我女儿看书快、性子急，做阅读理解题时很容易囫囵吞枣。当然，她丢分的最主要原因，还是在于她的语文知识不成系统。

怎么不成系统呢？比如，你如果问她什么是比喻，她可以很清楚地回答你；如果你接着再问什么是明喻，什么是暗喻，她就有点没底气了；假如你继续问她什么是借喻，她就更回答不上来了。

对于这个问题，她绝非个例，我接触的很多中小学生都是这样，对于知识，总是知其然而不知其所以然。

我特别喜欢钻研学习方法，总结出好方法，一来可以帮助自己的孩子，二来也可以让更多的孩子受益。

知道阅读理解是女儿及大多数学生的学习痛点之后，我开始想方设法去帮助她解决这一难题。后来，我总结出了学生攻克阅读理解题的方法：先总后分，先大后小，先全面再局部。就是得先有总体概念，再去使劲抠细节。比如先要明白什么是记叙文，什么是说明文，再去研究修辞手法和说明方法的区别。比如拿到一篇文章后首先要总结中心思想，大方向对了，小题都好答。而在过去，我们的宝贝经常是大概念还没搞懂，就一直纠结细枝末节的东西，于是费了很大劲儿，学习效果却不佳，事倍功半。

学习古诗古文也是一样，要先把知识串成一条线。在我看来，学习古文最重要的事有两件：第一是把文章的历史背景弄清楚，第二是掌握文言知识，包括语法知识和字词翻译等。大部分同学比较重视文言文的知识，老师也会要求对文言文进行逐字逐句的翻译，但是对于历史背景重视得不够。

举个例子，在统编语文教材六年级下册中，节选了《采薇》这首诗。课文节选的是诗歌的最后一节：

> 昔我往矣，杨柳依依。
>
> 今我来思，雨雪霏霏。
>
> 行道迟迟，载渴载饥。
>
> 我心伤悲，莫知我哀。

这一节确实是《采薇》中最经典的段落，但是如果我们不了解诗歌前五节的内容，不了解周朝的战争情况，就很难理解它们的内在含义。《采薇》

这首诗讲的是一个在外打仗多年的战士终于要回家了,一路上,他边走边回忆自己的战争生涯,诗歌着重描写了他在战场上如何思念家乡。如果不读前面的内容,感受不到战争的惨烈、思乡的浓郁,就不能体会最后一小节诗歌字里行间的真挚情感。

教科书由于篇幅限制,只节选了诗歌中最精彩的部分,但我建议同学们在家里预习的时候,一定要找出全文来读一读,而不是仅读读选段就满足了。作为学生,如果有了知其然并且知其所以然的学习精神,每篇都从文章背景开始预习,几年后,你就会成为真正的文科高手。

再举个例子,我们刚刚读过的《负荆请罪》,如果不了解廉颇和蔺相如的生活背景以及之前的故事,就会觉得廉颇是不是有点过了,怎么突然就背着荆条去了?但是先认真了解了《完璧归赵》《渑池之会》等故事,再来读《负荆请罪》,就会清楚多了。

学习所有的知识,逻辑都是类似的,只有把知识连成一条线,在自己心中构建一个完整的知识系统,才能做到胸有成竹,任何时候都不害怕考试。我这一套书,就是尽力去帮孩子们打通学习文史知识的通道,把历史背景和文言常识都讲清楚。期待亲爱的你们能够通过这套书爱上中国传统文化，打下扎实的文史基本功。

接下来，我们继续第四册啦。下一册开篇，让我们一起去风起云涌的三国时代看一看！

下一册，再见！

图书在版编目（CIP）数据

穿过历史线，吃透小古文 . 第 3 册 / 王芳著 . — 北京： 东方出版社，2019.8
ISBN 978-7-5207-0956-9

Ⅰ.①穿…　Ⅱ.①王…　Ⅲ.①文言文—中小学—课外读物　Ⅳ.① G634.303

中国版本图书馆 CIP 数据核字（2019）第 065868 号

穿过历史线，吃透小古文（第 3 册）

（CHUANGUO LISHI XIAN，CHITOU XIAO GUWEN）

作　　者：王　芳
策　　划：王莉莉
责任编辑：王莉莉　廖　婉
产品经理：廖　婉　张　旭
出　　版：东方出版社
发　　行：人民东方出版传媒有限公司
地　　址：北京市朝阳区西坝河北里 51 号
邮　　编：100028
印　　刷：北京汇瑞嘉合文化发展有限公司
版　　次：2019 年 8 月第 1 版
印　　次：2019 年 8 月第 2 次印刷
印　　数：50001—110000 册
开　　本：700 毫米 × 880 毫米　1/16
印　　张：16.5
字　　数：100 千字
书　　号：ISBN 978-7-5207-0956-9
定　　价：43.80 元
发行电话：（010）85924663　85924644　85924641